明清科考墨卷集

第十三冊

卷三十七
卷三十八
卷三十九

林祖藻 主編

蘭臺出版社

第十三冊　卷三十七

行人子羽修飾之　王

鄭有修飾之臣、而命有其體矣、夫詞雖工而失于體、猶之乎未善也、子羽之修飾、豈可少哉。今夫文章之道、與時上下、而要之不失其體裁者近是。蓋一句之中、而文有多寡。一節之中、而句有短長。一篇之中、而節有詳略、亦欲體之得所裁焉已矣。如取于明意也、有以徑率而明。有以紆折而亦明者。而不惟其明貴明、而叶于度。如取于美觀也、有以疏越而美。有以繁重而亦美者。而不惟其美貴美、而可以風。則夫修飾之功、文詞之所必賴也。而鄭之為命、草創討論之外。有以行人子羽特著焉。夫修飾而于鄭之命、則子羽殆有所難焉者也。

月。文詞之用有一或以徵理或以辨事而徵理易辨事難蓋事之，
何云尤切為命
來遠矣其間形迹多端原非可據理道而定制且其時盟好之事何
極文□修飾之雖試論精當
事乎益有不可以理喻者也或謂理所宜省而事之初終惡其不備
或謂理所宜密而事之緣飾懼其非真非所修而修非所飾而飾何
以制于理事之間有貼如也即命之行亦不一或以曉已或以悅人
而曉已易悅人難蓋人之有心隅矣其間意奇雖期原非可執已解
切鄭
而取裁且其時晉楚之人何人乎益有聽聽于我遲者也或淆已以
為不必詳而隱之人謂我為疑或有已以為不敢怨而騁之人謂我
為肆無所於修而修無所于飾而飾何以裁于人已之交有此，也

是惟行人子羽有深知四國之為因費一詞之措或感式微而咨諏于中路復爛詳令而僭筆削于終篇其修者所以存体之有要也有其不修則靡也散也支也濫也迂也複也以令諸子百家之言闕夸者幾不免于數者之病矣至于鄭之命而無之則行人子羽修之之功也其飾者所以明体之有條也有其不飾則鄙也戾也剌也拙也迫也竭也以令諸子百家之言寄渺者幾不免于數者之病矣至于鄭之命而無之則行人子羽飾之之功也

只增損二意縱橫出入中間既盡為命曲折前後千文章利病亦都訣舉諸子 稍書無專論此事者先生特為補此闕略何吧瞻

前後言修飾。何病只人概說。不若中間緊貼為命。透發修飾之
義論尤為精切。

行人子羽修飾之東里子產潤色之

杭世駿

而有多見多聞之才斯有盡美盡善之命夫多見若子羽多聞若子產以之脩飾潤色鄭之命豈復有可議者哉蓋夫爲命也非特獲之野謀之朝已詳略失據則矢口啟羞文采不道則負聲無功匯今人居匯古人稽烏能勝任而愉快也夫春秋之亟須華國才也久矣章句非細故也一字之樞機每爭榮辱而揣情度勢實足以杜犧牲玉帛之求辭華非末節也四鄰之窺伺輒特人文而藻耀高翔實足以壯社稷河山之勢則當按其時討論既定此大事也所謂告之馮簡子使斷之者無論矣特是擇焉不精語焉不

錄沐集

詳與夫言之下文行而不遠者又不無遺毫髮憾而行人子羽曰吾能修飾之而東里子產曰吾能潤色之既歷歷焉飽聞飫見于族姓班位貴賤能否之異同者以見其博學而多識而復酌劑乎盈虛則予奪皆有力毋過約約則卑毋過亢亢則傲毋過繁繁則支毋過簡簡則漏美哉此之謂合四國之人心而商略之而行事適機宜丰采可畏愛既彬彬焉反覆辨難于徵朝聘罪論疾壞垣之紛詰者以著其風美而流發而復遒揚乎訓典則追琢必于觀或應周而滲寥或響逸而調遠或興高而采烈或鋒發而韻流美嘆此之謂追三代之典謨而改竄之而正聲諧韶濩勁氣沮

勁氣果不可斷

謠誰閲其俗而趣變先焉高車駟馬之往來見夫楚方恣侈自鬻晉臣力爭而不心競日與之接性情形氣之乎有不審瞭若發矇而洞如觀火者而約文申義此豈可遽責之坐論之大夫簡練以為揣摩故口畫而指陳文告亦假春秋之筆削盈庭誰執其咎而老謀在焉見微知著之苦心而知晉卿之慕易象春秋楚史之誦典墳丘索遂與之質列國風氣之尚實有是非文不行而多文為富者而含英咀華亦安得不歸之博物之君子修辭所以居業鼓摩研而編削文章遂為衰世之功名多為辭令能謀者或未必能斷不謂其楊栁而雪之餘軒勵其識鑒之精而學廣聞多

特示大判為兩事商秉適野善作者思不必善承不謂其協恭和
囊之外史優乎風雅之事而高文典冊惜未嘗勤為一書擇之著
游、判、鄭、宮、叔、與、行、人、國、僑、
作不可考故七子從君六鄉郊餞賦詩獨不及焉則馳驅不遑也
然觀其郄兵逆讙蒲宮數言不激諫不抑揚議論風生真不媿皇
華之選矣所以不稱其嗣之公姓也而為之標其官以寵之僑之
行事不具論而趙孟偹館韓起辭玉不敏凡交謝焉則輯懌秉著
也乃即其寓乎西復叔向而書微而顯婉而辨言辭安定真足為
閭里之榮矣所以不誇其皇皇國相也而為之表其里以冠之也
而二三子聚觀炳炳煥煥無可復議執政者命齊車秣馬行人

行人子羽　二句

江蘇夢宗師月課　周允中
吳江縣學一名

使才而兼擅修詞執政可以集其成矣夫不事修飾上欲潤色不能也得子羽以為命而子產庶可告厥成乎嘗讀詩至天保采薇諸什而知職有專司綜輔理多能不兼使命是故修尺書以睦鄰封衷斷詞令者不必讓相臣以筆削之權（撰者、成煩側成、修）而相臣亦庶幾優游黼黻焉而畢乃緒也鄭之為命既草創討論之有人矣命意立言斟（明、提、老）令酌古始將告諸執政而載乃簡書乎而子產則曰諸君子已定其謀而繁簡之裁儀不敢任竊有微長尚未遑及也蓋浮詞非所以要信毋乃貽寡君之羞疎畧不足以達誠或轉啓强鄰之釁

焉飾焉事孔亟也雖然修飾亦極難耳十二國忌嫉不一好尚殊別非熟悉其君若臣得與失則捺觚率爾體裁罔克有當將一

暗脈子產

間遠達而行人身試其安危此皆執政之責也惟彼子羽職任皇華馳驅于役雖未揚作賦之才亦雅擅通方之譽修飾之任子產所以量材而使之也獨是子產身秉國成苟出其調劑爕理之學詎不足以裁數行且歷聘諸邦周知情勢修飾之事要不出子羽

暗縮前罩叠姪重規

下果爾則創謀不必先諶多識不必數吉也乃其休休大度若罔有能若曰僑不敏諸君子為其難予獨為其易弗辭固陋用綴蕪詞潤之色之爰總公孫而秉筆與言之無文行而不遠流葩抒麗

行人子羽 二句　周允中

非徒矜博雅之稱言以足志文以足言傾液瀲芳要不僅選言之
當子産有詞鄭國賴之寗第毀垣却幣曾任行人而辭輯繹詧（綴帶入妙詞不雅錄）
傾上國哉蓋其博物宏通裨諶世叔輩固遜其風華即長應對如
子羽者亦不敢贊一詞焉所由集衆長而命可于是乎成命成而
偕以玉帛子羽得將命而前壯行人之色益增秉國之光東里之（補點大方）
名所由地以人傳也

蕭散有神歆針多致范彥龍之廻風舞雪却希範之落花依艸
無而有之　陳庭碩

視前輩暢作更加密緻矣吹氣如蘭吐辭若繡自是讀書人

近科考卷純

筆○朱覲處

行人子　周

七四

行人子羽　二句

於以為命屬行人、相臣可以觀成矣、夫修飾非子產

人子羽固所優為也、以潤色自任、鄭之命所以盡善歟、且辭以任

要務尚、、以彬雅為宗、其權皆于相至、、也、而虛懷當國者不（双論）（歸重于產）

以獨任而弗資于人、亦不以分任而弗宗于己、蓋職司皇華、練達

寡屬有用、才兼淹博、等施亦所難、任以專職、而後以己襄厥成、

其官與地有以女守俱聲者焉、行于鄭之為命焉、草創討論得其（依子產）

人矣、執政者庶幾無憾乎、然而猶有無論風華為列邦所艷、草（涵潤色）

創者多失之千慮也、第造謀發慮、弗以煩瑣、文質之中[illegible]

已共皆于王阜紅裳之會執簡而推從國之無論朴直為
國所識討論者未澤之以文也葯撥證今弗以多寡論誥剗
宜雖數典可緣起于郊勞贈賄之餘詠卷而欽吾辭之促頓修也
飾也蓋綦重哉鄭則任之子羽行人其官也以羣情之愛憎為言
借出上句
中之去留而手定者皆自世變中体驗而出以昔時之聞見成令
才之詞者所琱筆者要從人情內閱歷二二來修飾屬子羽命之体
鎔鍊
提潤色
側不誠大倫也哉今夫言無文者行不遠出風入雅乃徵經術之
長潞美斯愛者愛其所傳含英咀華益見雅人之深致維
串入行八落子虛
周道王事鞅掌雖經肯其詞豈必陳言之次

明清科考墨卷集

第十三冊　卷三十七

正大夫之有耀則繼修之而潤色有非行人所能效者……文成

于執政者矣執政為誰蓋子產也且夫子產國僑擅也

對之選也襄者獻捷之樂強鄰之勢方張館垣之壞當人……

然脩詞事出於倉卒不及創謀無能封於下即不知四國知子羽者

亦不歸贊一詞焉本也折衝樽俎名震諸侯以修飾自任於詞矣

由公孫揮乃完其所為者固在彼不在此此以見相臣之知人

善任不必盡以功于身並不必護其事于衆也大國之喜怒難測

言則以為詞費略則以為拘牽地而大潤色難修飾完難也子

產已熟卜其人額經籍之腴將命者即無

廖洪霑同

行人子羽 二句　范口口

命者寧三代義於睹征夫之駢而求標文乎　上相恐筆削之偉哉

圖心共濟苟欲集衆製于錦衣列辟之欣厭莫測質則以為辭野

則以為浮泛迂遠孱弱修飾難潤色更難也子產已早討于心矣

涉鋪張此子大夫之奇詞爾雅而此予小臣之竭領德音之秩而夢

上句落韻

樂其不苟精英又欲其畢彰湊我薄技奚啻施丹雘于朴斵

而草創討論著庶可觀歟也○今覽東里之墟猶令人

結點東里

低徊留之不能去蓋不多行人之將命而多子產之能得[illegible]云

前截後總縈迴脈絡無美不該而藻采繽紛語語出

謂文不雅馴率士大夫猶難言之庶幾一遇此

因題製局逐步變化姿態横生可以鑿渾沌之竅

行人

行人子羽　東里子產

附　憲撫藩臺府試招覆同安第六名　陳勳　伯因

修飾有以其官著者而相臣之地可紀矣夫修飾之權使無專屬則子產亦可繼裨諶世叔以為用矣乃必以其官用之皆子產之紀地豈無故乎且人苟有才官司於以無愧也閭里亦因以增光故溯使臣之職守懷執政之里居夫乃嘆人以其官重者固不殊（上下水乳交融）（吊下）地以人傳矣為命豈特裨諶世叔已乎夫辭之不可以已也子產（老亦）有辭諸侯賴之鄭之命固大有人在也然既有草創討論開其先使無修飾踵其後其何以令我博物君子見哉是脩飾之責原有專任也任之者誰有行人子羽征車四出統列國之猜嫌好尚

悉其隱微則播為詞章早已洽人心而多寡適中奉命列邦合

簡○整○明○淨○

國之風土人情深知其利弊則發為議論早已度時勢而參閱咸

宜若是乎子羽之為命固重以行人之官也雖然人有以官著者

項○壯○鍊○叙○意○

豈獨無以地顯哉想當日讓功辭賞之時子羽曰子產其知政矣

在○沛○公○

讓不失禮是子羽之與子產素相稱善也即鄭有諸侯之命子產

就○子○羽○子○產○故○實○蟬○聯○而○下○妙○無○痕○迹○

必先問四國之為於子羽是子產之與子羽又交相投合也裨諶

世叔外之二人者豈非相得益彰哉故一以官著者曰行人子羽

一則以地顯若曰東里子產我祖萊夷嬰有往跡矣而東里無姓

化○工○有○神○

伊人不可懷乎蓋其地既靈其人自傑也想子羽東西南北之轍

過東里而覽眺邱墟不亦目而指之曰此我同朝子産之居哉戎徂顏上仲有遺蹤矣而東里舊宅芳徽不猶在乎蓋姓、有餘香里居亦生色也慶子羽還旌返旆之日懷子產而遙憶鄉廬不且心爲溯之曰此我故人東里之區哉是則東里有子產儀與行人之子羽並重也蓋權有獨專舍行人無以爲脩飾之任而柄有總握紀東里所以重子產之功觀於潤色而知鄭命非子產無以觀厥成矣

慧香靈心衣領中寶珠忽爲作者尋出頓令八面放光原評

高情壯彩有筆有書　姻長兄王雪份　楊學之

行人子羽　二句　　泉州庚午　楊

修飾又能得人相臣可以畢乃事矣夫修焉飾焉而

雖有子產不先子羽命之成也不其難乎且國家須有使臣幾輩

相從宰或以上卿而奉使鄰邦能傳國命者此誠尤有兼長矣雖

然人苟樂於自見所長而求其際爾得宜者往往難焉此非僅筆

削之無人且亦未知裨臣之有禮也如鄭之命而隃諸其謀矣定

其討矣引今據古悉之甚不爽矣此亦可授之行人無貽寡君羞

矣而執政者曰是猶有待詞之過多則繁辭而轉以滋大國之歎

如是者宜用修之之未遂則無文而難以頒褒之心如是者宜

本朝小題文精華集

甫韜小夫奉簡書答強鄰安危于片言判剸于頃刻雖以君與卿大夫榮辱係焉而行人則闔身當之者也雖羈子羽周知四國素號通材能辨族位闔有次犨參與餙誠于羽事也御且才與宮縱而子羽于是奉命不違矣乃吾觀維者獻役之間辭皆辨乎縛時館垣之壞幣久虛乎倉卒諶也不及創謀吉也不及贊討此時之辭行人者雖非子產乎然則子產于此固將不煩修飾而出自一手已出諸人上也乃鄭之為命衆長備矣羣材集矣僑復濟潛洩讓以為僑不敏庶幾從諸君子後稍加潤色焉然又何沖然乎哉請信修睦當求康樂堪豫而但以詞調

雖行人

以子產寬當出猛行人并選從上二句將轉于候

壽當得飾

聊示文章之有體惟斬惟㦛乃俾諸侯是賴而亦以才華之佃
（過顧上句）
共知小國之有人此其心豈惟不敢褻示抑攝以無行意而
（補綴無痕）
亦若善謀不知裨諶多識不知世叔者君子曰子產之為命待相
赫矣記子羽之官蓋較之草創討論者有卑職焉若子產大德不
（以作人語長思有深痕）
官者也不可以官名則忘其地而已矣東里何地乎乃足動人思
念耶

側注下句與下句中補擬上文千手所同也將行人二字組織
成一片的是此二句作法更移撥不動則巧心獨出矣即慶曆
好手亦不過爾何此駭

本朝小題文清彙集

本無側重下句意揣度鄭國事勢并二子地望以製一篇之局

所謂隨手之變難以辭束者

仁人于

楊

行人子羽

楊繩武

行人得其人而鄭始無辱命矣夫為命之寄尤重行人有專責也
鄭有子羽官不以人重哉嘗讀春秋而知鄭之為行人者難也蕭
魚之役楚實不競而良霄見執行人何罪焉迨其後公叔黑世行
（言世為行人也）
也而求避其使則非行人之難為鄭行人者實難乃當日為命有
與裨諶世叔並列而特以行人之官著者曰惟子羽謀之諸野亦
與裨諶同乘然不得以謀之共事略子羽之專官從而應答亦撥
太叔以行然不得以吉之燕長褒子羽之守職蓋吾竊慨夫世之
輕視夫行人也邲之役而行人失辭鄢陵之役而行人不使此可

論語　林巖居

謂務烈所示豈假哉況以鄭之密邇于仇讐也不有子羽何能于

以下處對初正

兩國治戎之間常為東道之主且以世之罷使夫行人也嘗為郝

愬而討于行人叔孫宗為趙氏主而討于行人樂祁豈復能固宗

盟鄭同好哉況以鄭之疲敝于奔命也不有子羽不幾以一介行

故寓雖文未書行人　又本哀江南賦補之

季之來留守西河之館晉以孤庸為行人而吳始通吳以伍員為

行人而楚始病則眞為謀主也唯彼子羽亦足以息鄭肩爲不然

轉合子羽說　虛位按

者雖來也當御叔向且以其易辭而黜之矣羽苟非材其敢為行

人試乎甯俞聘魯而行人不知彤弓湛露之不當賦穆叔如晉而

行人不知文王肆夏之不當拜則幾于備官也唯彼子羽實足以

對○工○觀鄭志爲不然者雖藉氏數典天子且以其忘祖而責之矣羽尚
不文其敢爲行人貸乎自有子羽而四鄰諸侯皆以其重行人者
重鄭是故覯子圍之聘而徵其儀之不及于國子之戀而歎其憂（以下專切子羽事說）
之將及非真能知四國之爲者弗克持此論也可以甚降階下人
不對程鄭致疑于行人之闕也哉自有子羽而晉[illegible][illegible]延亦得以
待行人者待鄭彼夫過伯有之門而思去其葬受豐氏之祧而請
爲之壇非真能貽數世之福者無以在此位也豈止于有禮無討（對○工）
見矣壯宮謂是當行人之選也哉觀于修飾是任而行人之官真
以人重矣

典制文綵　論語　作嚴君

徵引行人。如五音繁會。妙在善于用筆。故多多益善而不病蕪

雜至屬對工雅。則又不減金出採玉條脫也。頭景徽

行人子　錫

行人子羽修飾　二句

一名　雷

命史裁之于使者相臣可以觀厥成矣夫修飾潤色也猶未及裁成也自子羽裁之而子産始成之行人東里所爲著其官贊地點凡修詞睦隣而重之曰命固援之而欲謀言之徽也揚之而欲辭氣之感和也然人情之閱歷不深則繁簡俱足乘其體居業之醞釀未厚則吐屬殊難發其華此其中孰通于時宜孰高于物望固有未可輕以付人而漫以自詭者已如鄭之命禪諶世叔雖分任之子産寔主持之者也然已草創討論遂可命彼行人哉令而[illegible]猶未也蓋有[illegible]以雅擅博洽[illegible]才而集思廣益

效美備而無遺廷臣咸效贊襄之勺心酌理以惜斯為爰頌之私
抑夫然而修飾尚矣風華自堪相飾作損益未知所裁而遽事鋪
張終覽數陳之餘體況自列侯憑陵以来君相之愛憎攸殊倘我
意可擬而人心未饜則矢口有據而入耳為煩以濡染其奚施（潤色）
自非周旋久而揣摩熟難言之寡之遷中矣昇作飾難而得一修
飾之者為尤難也幸有子羽職以行人遊覽者不一國通聞者非（就行人職）
一人自之楚聘晉以還其好尚情嫌猶若指諸其掌也爰命行人（修飾）
以為之固無取乎冗長言雖典而可刪亦勿貴乎[illegible]焉（參酌）
必備以知彼知此之精飾為別嫌明微之筆御而物倘人

行人子羽　二句

歲考德安縣學一等三名　劉中仁

修飾有人而命始可總其成矣夫不有修飾而款處如潤色亦無命之善也既有子羽而東里氏用是覩厥成且國有大事所重賴者相臣一人之力居多而相臣所重賴者猶不遺一人之力焉使始事有人繼事有人而猶有克裨其始與繼者不獲騁展其長而我亦欲以一人大集其成焉是貽國事以缺畧之憾而國勢因之不張也國家亦何賴有若人哉鄭之為命草創討論各卿厥職矣而命遂可觀厥成乎曰未也而相臣瞿然慮夫命之善於創始也淂謂規模立而煩簡悉敵乎命之善於考詳也淂謂典故彰而今古咸宜乎倘不加以收

飭致使辭命尖當即草創討論悉爲虛文而持是以與四鄰交辭
起豢鄭之社稷能保無虞乎厥有行人子羽歷聘諸邦四國之爲籌
之悉矣修飭之責實伊人任維時子羽氏亦竭力盡心殫材畢慮與
諸臣勸厥盛事於是煩簡當而今古宜煌哉鄭命亦既可以觀厥成
矣而行人子羽則猶皇然念之曰鄭以蕞爾介晉楚間而鄭之社稷
不辱賴惟相臣翊茲辭命重與雖集諸大夫之長而不終以捐臣採
擇其所失正不在小矣於是諸大夫拜手上諸東里曰茲役也雖各
殫微力與其職也敢云盡善惟我相臣加以潤色子産曰諸大六變
有成命時乃功其無犒僑也不敘何潤色足云雖然吾職也不

盡於是悉本諸大夫之經營而出以一人之裁斷將見被潤海
豐羨雖一國文辭哉亦一時盛典也而命始燦然觀成矣嗟乎一命
耳有子羽之修飾而草創討論辭有失實諸大夫悉膺華國之選
有子産之潤色而草創討論修飾皆衷至當東里不愧固國之良臣
維鄭有辭鄭嘉賴之信不誣矣
有蓉樾之光

行人子　劉

第十三冊　卷三十七

〇〇行人子羽修飾之　劉必達

鄭所用以修辭者即以其官用之也夫行人之將命者久矣討論之〇評〇云〇插〇行〇人〇二〇字〇

後寄修飾于子羽豈無謂哉且国事惟期共濟耳用其所閑與用其

〇妙〇

所見事不同而功無異焉此鄭之命後以子羽為之乎子羽者其官

行人也行人載命而出載命而入十二国之風土人情畢現于車馬

切所見說

右衡云含下四股意

輪轅之下十二国之猜嫌好尚盡入于所聞睹記之中若之何不以

修飾之權寄之也當其修非務省耳我為今日之弱国則其所不嘗

切鄭

〇從〇行〇人〇

言于大国者飭而去之蓋子羽曾以犧牲玉帛發人之庭而知當世

〇發〇意〇切〇修〇字〇

切鄭

之諸侯皆多㠯也方其飾非務多耳我為王室之懿親則言有不

藏其固陋者毁而張之蓋子羽曾以过都越國見人之行而知今
之人情皆尚文也修之至于合礼者存避諱者去使人求我以謟而（切飾字）（右衛云甲二股是）
謟不可得求我以慢而慢亦不可得所謂不失已亦不失人礼之經（修飾時事此二股是修飾後事）
也飾之至于意義可味言語可觀使人欲卑[illegible]我而我不可卑欲輕（何云又醒）
嘗柔而我不可玩所謂見其長不見其短小國之道也山川草木昔（行人）（結束前幅）
所歷之境界盡成今日之文章士馬芻糧昔所思之情形俱是言中（補承上文）
之抱要所以既嘗草創樂得子羽之裁成業已精詳必假行人之增
損雖然飾之矣而辭猶寡色也或者馳驅于外久疏簡畢之故乎盡（右起）
自借潤于東里而子羽復將命以行矣

評

修飾即從行人中翻出于上二字既有情亦非增損陳言矣求新得間何常在題外耶何必贈

獨此句書官從此得間處處粘定行人做出修飾便典上下語頭迥別。修飾謂增損之也蓋詞語恐未停當或有處太煩或有處太簡修是去其太煩飾是添其太簡使之煩簡得宜此人人所知若不粘行人二字發論恐說成辞命煩簡得宜套話耳

左傳北宮文子云公孫揮能知四国之為文將此句意貼切在行人上生發更能跳出修飾二字運化故事最妙若時手直寫左傳語開口便說盡矣。妙在從行人跳出修飾既典禆諶世叔有

慶曆文讀本新編

行人子

劉

又與東里子産不同。右衡

行已有恥　四句

敷文周龍章芇堂

端本於行已者無往不徵士之量矣夫奉使亦行已中事也以有恥為不辱之本士之全量如此哉且千古之功名必頼千古之氣節以成之未有體不立而用可以行者也士君子名無虛附即學有兼優於心性之地課實功即於報稱之餘彰實效區區挾才辯以高天下徵持菲薄乃躬不亦羞朝廷輕當世士耶予嘗士乎夫士非空名之謂謂其能以一已端四方之型即合四方以驗一已之操者也士而為王國之羽儀則已貴士而擔古今之名教則已尤貴蓋已之行未在大庭已之行先在幽獨也匡居之中有經濟

（體統為雖）（重總以字）（閒然當餘）

守身與報國矣全學先必矣全心士而為行芳志潔之已則恥重（重抱册字）士而為通方經世之已則恥更重蓋百行全而恥猶未免一行缺而恥在終身也（截金為句）道德之外無文章庭闈與家修交指待尤貴交相礪令（語意圓到）夫遣四方奉君命不足盡行已事也而亦行已中絕大事也（化翻合法理精論警行比猶還歷鍊）吾試因其有恥而進徵之歟其聰明才力而砥礪廉隅則英華不流於外鑠而醇謹端愨之品即令此身終老蓬廬而姓名可懾服蠻夷而風采可想望於鄰國用其議論威儀以輝煌壇坫則才華悉本於內心而光明磊落之躬即令詰責頻仍外侮而繩撿自不踰乎道義而閨望自不損其圭璋其使於四方而不辱君命也非

有恥之已曷克臻此夫然而知士之務有兼營尤有專營也精神者器量所自開顧權其緩與權其急則先後有間矣併而注之行已之途覺詞令之慎登降之恭悉由夕惕朝乾之備至甚不失之亢即行已時斂抑之思也畀不失之諂即行已時堅忍之志也大廷之對越載以爾室之冰淵而入焉而不愧之完人出即建三不朽之大業夫然而知士之事有偏勝無偏廢也德業者經綸所由寓顧用其全與用其半則局量有殊矣顯而徵之四方之遠覺三畏之箴四勿之戒直合經權常變而胥該物恥足以振非徒閑户修獨行之書也國恥足以興並堪載筆入名臣之傳也屋漏之糾

此出側重士句

情心能振

此比兼匡下句

帝今三院會課二刻　論語

虞蔚為邦家之黼黻而處則可坊而可表出德為龍而為光可不謂之士乎

精理為文無辯可擧春華秋實兩擅勝場　劉方伯原評

狩巳

圈

行已有恥使於四方不辱君命

崇文 黃起熊 師南

有品而兼有才可徵其體制矣夫行己行其所恥也有恥之人何
患於辱使不辱命非才品之兼優哉且士苟廉隅不飭其抱慚於
（上二句對起）
衾影者勢必貽笑於大廷蓋志節能操於一身斯意氣可矜於天
下體與用兼則品與才著有諸內而形諸外足令人想望其風采
者吾乃恍然於賜之問士矣憶昔賜也琢磨就範令聞久重於圭
璋束錦從遊文采見欽於卿相賜誠當世士哉顧吾念之且賜亦
知士之所重者已乎己之所行者何事乎是如臨如履者此已可
（緊快）
生可殺而不可辱者亦此已也己之所行不尤重在恥哉蓋其窮

幾隱微之地常瞭對乎聖賢（二句串題○深○不可少○）故必細行之克謹者始信其大德之不踰柙必是非嚴辨之中不自恕其毫末故其片念之克除者（警絕○）益覺廿年舉生之無疚行已有恥（緊○撲○）是所行在獨知之地非行於共見共聞之地終其身無一可恥亦終其身無一可辱也然而當世之諸侯王競稱得士矣曰吾得一行已許特之士（以意○新○落○用○意、脫卸○貫○出○入○合○表○）則國內無擾攘之辱得一行已智謀之士則境外無侵伐之辱得一行已雖辦機變之士則列辟無誅求責備之辱於此求之四方而四方之士亦接踵（警○出○四○方○甚○不○費○力）而至者大祗不論德不德專論才不才也（出○落○渾○成○）抑知士之有恥者其行已未有不畏其辱辱莫大於君命則又有使於四方不辱君命者此者使主於和和非慢易之謂惟平日涵濡乎書詩之澤則四方咸仰其風猷茲者尺書是達情若奉帝典王謨敢不善其隕越使臣合二國之成不以兵戎而以玉帛凜然持此命爲柔色以將不識其傲正辭弟讓毋莫我身當此分庭抗禮之時其不辱也將祖宗社稷之靈憑於此使矣使主於莊敬非矜持之謂惟立身能謹乎道義之防斯四方咸欽其器識茲者臨軒遣勞儼若對揚旁臨上前不致其恪恭使者結而君之好捐棄前惡無踰舊盟垂然[illegible]此命爲威儀重於鄰封將事克敏令範傳於王室式禮無愆當此進退周旋之下其不辱也將家國生民之繫賴於此使矣曰旦曰

賜出入如同監史古今不愧乎大儒。能常能變。進退不越禮儀。都
國共欽其雅度此體用兼全之士也賜其魁薦
句法堅密筆力堅凝原評
義吐光芒詞成鹿鍔肩莆堂

行巳
賈

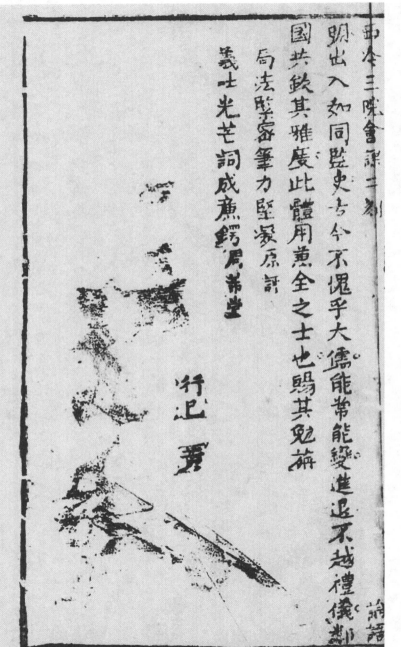

行天下之大道

月課武平縣學一等一名李夢苡

大道是行人以道尊矣夫天下之人誰克行此大道者若人行之以視儀衍又大異且自妾婦之道行天下幾無道矣或謂循其道可以逢時竊恐由其道適以禍世此謂適其所適非吾之所謂道也則試於所居所立外再觀若人之所行行以道為歸非其道也將悵望以何之道以大為要非其大也將側身之無所無如行此大道者天下若無人矣提徑而趨其道窄歧途而往其道危欲左左欲右右其道險而隘而大道幾等於蓁蕪然而行此大道者天下尚有人焉路皆正路其道寬途盡坦途其道廣步亦步趨亦趨

字字標幟

喫緊切當字字意發

對工

其道蕩而平。而大道不虞其壅塞。以天下共有之大道而概然舉
行不特先天下而登其域更欲偕天下以循其途舉天下之君子
所羨小人所視若以一人侶之廓如也此有徑此有實意中早已
封對儀術別有峭簇
杜之矣以天下共棄之大道而毅然特行雖不能挽天下而遊乎
康莊必不肯隨天下而淪於險巇舉天下之行而不著習而不察
每對都若天造
者以一身擴之裕如也無人門無人堂目中久已空之矣世固有
與前二比並深妙在一字不複
爲華之境可以亂道轡塞之途可以變道荊榛之地可以窮道竊
恐崎嶇日生而不止而大道將成山徑之蹊彼則日入其境而行
如故日登其途而行如故日履其地而行如故一任他岐錯出以

坦嘗而大道永作周行之示、一吁曳碣抵掌方誇捷足以居先失鹿之羣孰知中道而窘步以視無偏無陂而蕩道坦坦者其不可同乎語也明矣子柰何艷稱妾婦而忘大丈夫之所行也

言之慨然

不泥塡行義門面語鑿山開道一境各現一奇峭削嶙峋絕似管荀諸子

行天下之　李

明若編

行而世為　四句　　王恂

言行可以寡民過非時地之所能限矣夫君子之言行本天人不動者也垂之百世通之遠邇而過乎寡焉夫豈時地之所能限嘗思王者之治天下也經以々斷略緯之以文章茲二者固當時

直指言行總起劃清題位

後世所羣焉奉之々々々二者也雖然難言矣憑權勢而矜心法令

下膠粘

當時之奉行或可自必而傳之奕禩子孫恐不能諱其疏略恃才

互翻有手法

智而輕意數施後世之從違尚未一知而驗之當代臣民早已於

承動字不漏

其紛更乃君子之動而為言行者則無慮此　動而々々正五禮貞百度定六書悉本天人之理而數々　々之々著勸為成

憲而率由者愆忘不作也雖奉為規之動而言也咨宗

（世法世則）

伯命司徒董太史悉舉天人之理而著明之王謨也宣兪恭

訓典而紹述者徽音可嗣也雖奉為蓍龜焉可矣世法世則其儀

（典而有據）

過于後世者如此以言乎遠則君子之言行不禁于遠道通覆載

（結上二句）（結言行）

之廣而海外殊俗思見中國之聖人而深景仰者何限也以言乎

（是有望）

近則君子之言行不遺于道普日月之下而羣黎百姓身覲天

（是不厭）（結下二句）

子之休光而樂德化者何窮也有望不厭其寡過于當時者如

此以知前有議道之聖人而百世而遙被潤澤而大豐美上有愽

（典茂似南豐）

動之天子而四海之內順帝則而歸皇極譽之有于天下也豈無

故識

題分兩截下二句亦以言行貫之理自不易布置安適詞意簡明允稱當行之作九野

是兩截局又是對發局。。引先輩陳佚往々如是醇意發高文正復華而不縟麗而々靡自是作家　黄淼謹識

行而

行而世為天下法　言而世為天下則　吳孫逢

○○行而世為天下法言而世為天下則

四名　吳孫逢

即行與言覘君子皆是餘于世者也蓋世為法則君子所不敢期而行与言有必然者亦天人之理備耳今夫為一事焉必曰成憲可稽出一辭焉必曰成說可共何人心之不敢自用哉惟立極者有以範圍于不過斯遵路者有以会歸于無窮也君子之動為世道果何如哉君子所知者樞機之發宣於故左史右史所以致糾繩者即一端必溯其祗畏君子所知者應違之效甚捷故為從為衛所以納諸軌物者合百世而靡諧旦明吾見其行而世為法

矣知天則所行協乎天之撰知人則所行愜乎人之情後世之天下其有所行也豈能出天人之外哉取君子之行而瘠蛛凜之志道蕩蕩治有無敵作好無敵作惡者焉明堂之藻火若世見之矣吾見其言而世為則矣知天則所言足以闡天心知人則所言足以扶人紀後世之天下其有所言也豈能易天人之常哉取君子之言而圖書奉之璽謨洋洋殆有修之則吉悖之則凶者焉策府之絲綸著世開之矣然則百辟刑之四方訓之猶未覩後世之景從向往也君子懸天人之理其量原不可以世限所覆者經世之

道所播者垂世之猷故君子有行昭然與日月爭光君子有言卓然與金石並壽且曰維皇之極于帝其訓必非徒一時之循誦習傳也君子備天人之理其效更非可以世計百年畏其神不得自爲風氣百年服其教不得自作聰明故後世修身善行者猶以爲君子之所曲成後世修辭立誠者猶以爲君子之所啟迪是則動而爲行動而爲言君子無往而或驕而法以爲道則以爲道異代猶貴以寡過況當時之爲遠爲近者哉

氣 先瑩 格律謹嚴

明清科考墨卷集

第十三冊　卷三十七

行而世為　二句　狄　億

行與言皆有以及民寡過者非一世矣夫民知法則其過自寡亦何幸而得君子之行與言也天下有君子豈惟一世賴之哉今使天下愚賤之倫○而各逞其私意○吾恐嚙行異言接迹于世而莫知所終矣○顧有王者作則無慮乎此○且使數十百年之閒猶可必其無此患者○何也彼其出身而加乎民者誠有以服之而立之準也則君子之動○而為行動而為言者是已○狃于崇高之勢將謂人主可以惟我所行○惟我所言而天下早已窺其隱易窺乎覩其近于驕此左史右史○則必書君子恒泯泯乎樞機之發也○詩所繇重以為人一不可

本朝歷科大題讀本　中庸　康熙辛未

妄有所行妄有所言而天下又將議其所議乎其無所不有
物有恒積之以漸君子又綽綽乎律唐之合也是惟無行行則極之
建也中之用也天下有不頻其表正者亦欲雖肇造之始夫豈無一
二事之創建非常而庶民視之猶是日用與能之旨也故爭相法也
遠其後君子往矣天下群奉其所行以為十方曾之守規矩誠陳不可
廢也繩墨誠設不可踰也殆世為法矣是惟無言言則謨之訏也猶
之遠也天下有不欽為彝訓者誰歟雖聖神所播夫且為天壤間之
雅語與詞而庶民視之無非顯句與知之理也故樂有則也遠其後
君子往矣天下諷誦其所言以為發動之其修之則吉信于四時也

恃之則以智于筮龜也殆世為則矣難靜者庶民之氣而不自庶民
（先庶民推之臣庶子孫）
始也每見國家數傳而後其臣子必有嚣然自負者激為高行偈為
（子安石輩祖宗不足法）
異說以菲薄其祖宗而庶民遽相矜尚以隨其後是以其氣難靜也
（歸重在君子身上）（臣子言）
自君子以行與言示之而嚣然者平矣群公卿士端委相見無不稱
（庶民）
先王之令德道先王之訓辭而属在草莽者敢蕩佚于法則之外以
取罪戾哉難厭者庶民之情而不止庶民之咎也每見國家丕業相
承其子孫容有傑然聞出者一舉措欲尚百王一議論欲掩千古以
狹小乎前人而庶民競慕新奇而忽其始是以其情難厭也自君子
以言行貽之而條然若下矣總體守文貴之而要之是陳義正之懿

本朝歷科大題文本　中庸　行之　狄　康熙辛未

行為步趨宣我祖之大猷為告戒而尾發点厭矣。外收縱任心則
之中以作不靖哉本身之徵如是夫已也
是圖之云云不直曰天下道君子法君子而必曰世為天下道世為
天下法云云蓋此處寥渇與天下服天下化成筆意不同別處俱
說斯民感化于上此則不重感化而重身三重有以鎮攝而整齊
之故口氣原歸重君子身上去耳篇中說發世法世則處最得此
旨後二比一則從庶民說到民字一則從庶民說到子孫不用順
筆鋪叙文勢遂極曲折議論亦極精警

行而世為天下法 二句　　狄億

行與言皆有以及民寡過者非一世矣夫民知所則其過自寡顧何幸而得君子之行與言也天下有君子豈惟一世賴之哉令使天下愚賤之倫而各從其私意無忌憚行與言接迹于世而莫知所絲矣顧有王者作則無慮乎此且使數十百年之間猶可必其無此患者何也彼其以身而加乎民者誠有以服之而立之準也則君子之動而為行動而為言者是豈執于崇高之勢將謂人主可以惟我所行惟我所言而入下不足窺其隱曷窺乎窺其近于蟠也左史右史樂則以奪君子恒秖乎樞機之發並持乎藏重之體以為人主不可

本朝房行書諸稿集　中庸　康熙

妄有所行妄有所言而天下又將議其疎焉議其無所本也有

物有恒積之以漸君子又繹繹乎律度之奢也（原批意敘語出之以）是謹無行行則極之

（也動）建也中之用也天下有不賴其表正者誰歟（節細想密言）雖肇造之始夫以無（法字一韻）

一事之創建非常而齊民視之猶是日用與能之肯也故爭相法也

（顧小言綦）遂其後君子繼矣天下群奉其所行以爲高曾之守規矩誠陳不可

蘇也繩墨誠設不可踰也殆世爲法矣是惟無言言則謨之訏也猶

之變也天下有不欽爲懿訓者誰歟（綱密則宜）雖經神所播天且爲天壤間之

雅誥與詞而齊民視之無非顯白與知之理也故樂有則也逮其後

君子繼矣天下諷誦其所言以爲彝數之具修之則吉信于四時也

學之則凶智于筮龜也殆世為則矣難靜者（奏○萃）庶民之氣而不自庶民始也每見國家數傳而後其臣于必有囂然自負者激為高行偽為異說以菲薄其祖宗而庶民遂相矜尚以隨其後是以其氣難靜也（何○桃○讀○國○語○自○見○得○允○王○論）自君子以行與言示之而翕然者平矣羣公卿士端委相見無不稱（亂○整○煩○猶○在）先王之令德遵先王之訓辭而矯在草莽其收藏伏于法則之外以取罪戾哉難厭者庶民之情而不止庶民之咎也每見國家奕葉相（措○批○何○從○非○之○答○不○亡○宋○神○宗○王○安○石○也）承其子孫容有傑然聞出者一舉措欲高百王一議論欲掩千古以鉄小乎前人而庶民競慕新奇而忘其始是以其情難厭也自君子以言行貽之而傑然者下矣繼體守文蒙業而安惟是陳我祖之懿

本朝房行書歸雅集　中庸　行而世　二　戴

行為無愆宜我祖之大猷為告戒而凡厥臣庶人孰敢縱任乎法明之中以作不詩哉本身之徵如是未已也前往凌虛之氣故當直接西江一派從以典雅之便是門外堂下之所見也。峴瞻先生

謂之沉博絕麗亦可然是賢士大夫高冠長佩非闤人中悅物也今人漸慕典藻而不講氣體政恐口脂面澤丈夫之氣愈衰亟須此等文以振作之。儲同人

所貴兩漢之作正以其雄才正骨後代莫及也其厚處初不以詞而摹擬竄竊者多失之不知兩漢之不可以偽為而欲以典藻自

文々盡從同人先生語。一致思焉。文惟骨正、故典而不靡

行而世 三 狄

行而世為天下法言而世為天下則

林　奎

行與言並飭、宜足為後世之信從矣、夫君子之行與言、皆自知天、知人來也、世法世則、後世之民、過不賴以寡乎、今夫過之寡也、其即在行與言乎、一措履而堪為程則、身為度者、人將式金玉焉、一吐辭而足為經則、声為律者、人將欽綸綍焉、是惟立者有建天下之表、而天下之志氣以齊、有立天下之坊、而天下之心思以肅、其範圍而不過者、乃其所以曲成而不遺者、以君子動而世為天道已、吾即其動者而推之、曰行曰言、即其道者而舉之、曰法曰則、言○象○器○儀

聖朝之禮樂文章、其脩自宮寢者、後士意得而見也、而垂為彝範

布為訓詞則相傳者遂為高曾之矩矱而相率者永為百代之儀刑
皇躬之物恒並懋其撫之密勿者從世莫得而見也而要其裁成
被其誥誡則從風者非曆數之所能加而要其禪者非時日之所能
限其世為天下法則也豈待問哉蓋世有今古而天理之自然者
合古今而如一君子自□以來凜曰明曰旦之誠以為是訓是
行之本故五礼惇而後世之天下咸奉為天秩也百度振而後世
之天下咸準為天工也六書定而後世之天下咸秉為天章也萬
類各呈一渙散之形而揖之以天則此理之攸契者遂以合億禩
之臣民而著為大同之象禩世有前後而人心之同然者統前後

而無殊君子自知人以來本察倫明物之方以為立言制行之原故防民以禮而後世之天下咸脩為人紀也範民以度而後世之天下咸守為人官也齊民以文而後世之天下咸煥為人文也万物各挾一争勝之氣而惟之以人則此理之潛孚者遂以統奕葉之臣庶而徵為大順之休非無英君哲后出其俊偉之姿欲以言行加乎君子之上者然而何可加也經天緯地歷代不過數十言典謨誓誥歷代不過數十篇而業之日以訓詁富有自宋久而不敝教忠孝昭而亘古無岐理亦罔晦以而千載無奇書又有圣子賢者出世卓越之才思以言行軼乎君子之前者但而何能軼也

服物采章守官礼者猶是西京之舊也歟易象遵文以者依然鎬

洛之初而烈之丕承謨之丕顯歷久遠而長新故統業垂而繼世

多衆賢之令嗣亦典章立而繩武皆有道之曾孫此其予之寡[illegible]

過乎後世者鑒也而當時可知矣

馬老師評　持論而參之皆中節即此為穿楊妙技

行而世為天下法　言而世為天下則

二名　韋基烈

言行立萬世之極而寡過至于無窮矣夫行與言皆以君子為準
世法世則有以立万世之極而天下之臣民罔外矣寡過寧有窮
哉且王者樞机之發動乎天心之自然而得乎人心之同然此固
非法之擬議以求其合也祗慎者在深宮宣昭者惟義類皆與
德性學問有相為維繫之故而範圍治化于不過者遂曲成万類
于不遺吾更思夫君子矣閭嘗從其草野同風之盛以推皇極之
克端而因即其物恒備美之中以驗攸好之彝協則所為而行

者可思焉。当其一事未接。一物未交。而経綸罔不畢具。及其□之為行。則会通以行典礼。時措以行化裁。析衷以行釐定。顯印形其利。圭璋其潔。表一人之懋建。而天下自無僭錯之愆。斯誠王度之可思也。夫古今以来。帝治王凮。積而日盛。而亦且酌文質而用其中。所謂天秩我惇々以此矣。所謂人紀肇脩々以此矣。為闓億万斯年。尚有作聰明以自用者乎。吾見仪型者作乎。而正路自可遵也。順則者怠力。而大道匪有岐也。世非異世。則行無異行。豈必煤天下以從我哉。人倫定於圣人。則羣奉為方圓之生。有為之法者

而百行咸受範焉行滿天下矣則所為動而言者可思焉出其一
意未達一詞未展而懿訓無不夙裕及宣之為言則敷言以叙彝
倫永言以陳声律文言以繫彖爻著蔡肖其神綸綍昭其象布一
人之声灵而天下自有如響之應斯真王心之克一也夫古今以
来觀河拜洛衍而愈新而亦且諫理數而提其要所謂觀乎天文
天文由此察矣所謂觀乎人文人文由此成矣為閲億万斯年尚
有遑辨言以取戾者乎牖之直如欲之則有以中其隐也刲之蠈
若發蒙則有以生其習也世世非異世則言無異言豈嘗與天下之

我昕哉中声比於黄鐘即不啻為量衡之準有為之則炎而肇言

咸受統焉言滿天下矣是則嘉猷嘉謨錫福於上者莫非至德之

華而至道之積而是訓是行從欲于下者莫非不驕之驗而不倍

之符而有不世道者乎試更即遠近以徵之

好整以暇

醕意高文

行而世為　下則　　陳疇

言行在一人法則亘千古為天下法則也況世為法而世為則乎自非君子不及此且自有天下以來使不有數君子為落落布於今古間則瑰瑰奇行幾何而不過天下也自夫深宮有宸極而後萬古皆瞻瞻廟廊有訏謨而後萬古遵彝訓蓋其樞機之發有極高明而博厚者故其流澤亦悠久而無疆如君子之動而為言行也彼生同時者庶幾宗章矣保無遺議數世後者乎自命豪傑之流力能創奇特瑰異以求蓋乎前人而向背半身親炙者庶幾則傚矣保無貽憾千百年後者乎異端與曲之道

後入海澄縣學一　漳州府

力能借著書立說以求伸其隱見而是非紛起是何也是言行猶未足為法則于後世也若君子自以天知人以爽其言行高

溯全發高明博厚難非定解妙不露悉贊切贊自然

他人倉卒必出

明之言行也首出庶物人盡出其下參明照四方人共在其宥

故動而為行即為世世之法而率循者若奉蓍龜也動而為言即為世世之則而佩服者若蓍蔡為的也從吉違凶罔非但一世凜之矣其悠久也蓋君子高而百世皆仰君子明而百世皆照矣郁君子之言行亦博厚之言行也察及萬里之遙而以權其經制慮及數世之後而以飭其德音故一動為行不必期世世之法而遵守者不啻律以科條也一動為言不必期世世之則而銘誌者不啻

卒為蓍蔡也不衍不忘亦且世世遵之焉其悠久也蓋君子之蘊也博故其及也廣君子之積也厚故其流也長矣其在守文之君固奉法恐後遑無蔑古之辟亦違倍不能奕世以下凡措諸躬而出自口者人人各私一君子人人而況於親炙者乎其在愚賤之流固範圍不越即至豪傑之士亦補贊無從曠世而遥以佩其律而遵其度者蓋人人共秉一君子也而況在當時者乎君子之寡過也如此

思筆兩強綽有啓禎大家風力

行而世 陳

行而世為天下法　陳思蕃

再觀君子之行而寡過又徵諸法焉夫行貴乎法而未易望之後世之天下也君子之動而為行者有然其道抑何善哉且君子操三重以治天下其措諸吾身與天下相見者固可合數百世之人心風俗而胥治之矣故三重之所加坦然示天下而有餘曠然示天下而無不足時數之說又不得而限焉動而世為天下道將何以驗之祖宗創建敢不恪守乎子孫然或率祖而有愆以通變以行權其過不在後人也乃茲之丕顯而丕承者何為也朝廷規畫罔不恪安于[illegible]庶或奉行之多咎則貌從而心違其是不一也乃茲一遵

從法字意翻入題重行字最有識見

力遵路於久矣為也試就君子之動其一為天下馬其
○當○時○作○之○天○也○是○以○在○世○為○美○下○
所圓然已極風沐雨草昧而開太平此行之所由始而非行之所由
○法○耳○知○此○翻○出○世○字○極○警○
終也至遠之世世而無不然則行之終焉矣夫君子深謀遠慮其動
而為行未必不皇然于後世之口寔敢曰無愆忘載頤何以一世如
世○法○即○于○君○
是數世而無不知是也即有總起之才起而問之而稽古不變之道
○子○決○之○語○意○高○絕○
以處則固知其終不可變也巳君咨臣儆拜手而謀廟堂此行之所
見端而非行之所究竟也至推之世世而無不宜則行之所究竟矣
夫君子經營周咨其動而為行者恒恐未孚乎百世之志氣敢曰秦
一王武頌何以一世有然數世而無不然也即有喜新之主起而更

之而施吾不易之道以居夫又知其終不可易也已吾一嘗讀周書而得之夫宗伯掌邦禮而考工以庀天下之材象胥以通天下之教其弘綱細目炳于冊書迄今𢧐異世矣而天下有不歸畫一者乎夫建官立政事在成康而啟佑後人又本于前王之謨烈則其行頗不大載吾一嘗讀周禮而得之大司徒教五典而宅里亦示其表章詞命必嚴其猷要其嘉謨嘉猷煌煌具在闇今𢧐何世矣而天下誰不生敬共者乎雖多藝多材尚煩家相而命官六典必本于建國之維王則其行頗不偉哉試更進而觀其言□可采一世為法處不決之于後而決之

負重讀則知字亦

系多少精神。行文所以貴乎上達者

而猶錄。

行而世

陳思蕃

行而世為　二句　彭惇儒敘典

君子立行與言之極、而寡過于法則者無書矣、夫行與言、皆動所分見也、世法世則、其寡過多何如哉、且儒者制行立言。猶足模楷後人。而況布諸朝廷者哉、故樞機所發。一人自凜其不驕而訓行所臨。萬禩共安于不倍、于以知楷之彰者非具文矣、之口焉然空論也。動為世道、君子固有然已、若乃由動而措諸事為則有行。由動而宣諸議論則有言。茲豈非□之一時垂之下世。而天下所恃以寡過者哉。然而世為法則也難□。人才□煥新猷。□能創一朝之規制、而世之卜之下免使跛于□□咎。亦所□

行之者無本也人之纔見文告亦若□□御而世遠言行
遂各援異說以相抗則非言之失惟□以言者無本也君子於
不行行則極之建也中之用也非天人而出之者乎立綱陳紀
之先早已與天下審其法度則令與昭垂且可以一行開百行之
宗君子有不言言則帝之訓也民之彝也非本天人以敷之者乎
出身加民之始早已與天下定其準則則嘉謨遠播直可以一言
立羣言之統而天下有不競競為奉以為法者乎經事知所守變
事知所通凡其一起居一食息皆若方圓平直之有定程夫天
地厚豈無創建之奇材乃聖子神孫猶恪守高曾之規矩而導揚

恐後也故家舊族猶謹奉先代之典章而率履不越也蓋率乃攸
行寔有懲忘之盡泯者誰敢蹈跋行焉而天下有不惴之爲奉
爲則者乎頌之者曰定命尊之者曰聖謨凡其著一書立一說皆
若尺寸準繩之不可越也日異月新豈無非常之偉論乃成訓可
追肅然見紱衣之有本而信若蓍龜也德音可仰恍然覩提命[illegible]
常存而勒爲箴銘也蓋守其法[illegible]定有尤悔之[illegible]稍背誰敢創異
說焉在君子本身以爲行而經緯[illegible]宜本身以爲[illegible]而綸綍悉當
方且稟一心于謨猷出入之地而異[illegible]必後之信從乃天下[illegible]
善其行即不能[illegible]重以爲行[illegible]令上重以爲

固已紛斯世于贊參裁人之中而[illegible]施恩若是溥
行宗于一行葦言統于一言而孰非重之而見者哉

冠冕堂皇如詩中之應制一洗寒儉之習可謂不墜家風者也

徐達夫先生

骨肉停匀辭采煥發制藝中當行家數　沈砂士

行而世

行而世為　二句　　劉子壯

莊言行之重可以見王澤之長矣夫道未足重當時禁而沒則已亦世法世則非有本之身者乎且了者之與其制世者有行可以觀一代之規模焉其詔世也有言可以觀一代之文章焉夫威規立於當年而流長及于後世蓋有不可易者也寧特動為世道哉精英之密氣足馭於臣民而左史有書右史亦注其樹為坊表者更不必矜聰明以自用居室之間義已動乎天地而紀為史記以為尚書其辨於先幾者當不復恃才智以勝人然而行固一法也此教之出或參異於屋府或奉行于有司以天下患未得而見一人

雅音

筆意高遠

之行事若君子有行焉其躬履所錯書已成效之相符而與時
措行皆若為人事所難越蓋有踰起非常修勤小節而功業之高
禮樂不俟百年閑和之有興則明乎帝國者天下莫以加此且
事豈求動衆而奕世下揆其義類斷若成憲遵續爾學而述于獻
者猶必徵一行以為致治作教之範焉其世為奉法可知矣然而
言固可則也詔誥之頒或作草於宅揆或潤色于儒士天下患不
得親聆天語之遥傳若君子有言焉其吐詞為論皆本于天性之
甚真而大樸為文後開其風氣之甚盛蓋有高確天下形勢論斷
古今成敗而當時奉之可以奏成功身後由之可以定傾亂者矣

下無以過也且言辭豈必皆同而奕世後約其指歸較若畫一治
稽道學而玫弘文者猶必奉一言以為性理經術之宗焉其世為
三股精將世為二字切力精映
則倣可知矣天臣下守其王章子孫奉其祖訓要惟在本朝之所
貴而論及於世得毋有創法之新以求過於前王者乃率由維舊
息議化出
可見三代如一姓之傳且行以適時為變言亦轉義如圖要自有
不測之施為而況及乎世更當以流極之久而日新其變化亦乃
烈謨為昭則知千古無易道之寔豈不知天下人寡局之洞功也
哉

胸有積卷以貫串直達事理之文故意議層出有衣布原不单

不弱乃可語於别裁偽體而波瀾老成也

錢豫章漁莊

行而世為天下法

行足以為世範、而天下皆遵王度矣、夫本身為行、而天下即傳為法焉、非盛德之至、何能歷久而常新乎、吾因以□君子之作事可法也、且宣猷布化之地、古聖王祗以成憲之垂、範圍乎宇內、而千百世之人心、亦遂與肅然俱靖焉、此非作蕩深漢也、懋昭不出于閭閻、而宴區早凜聲靈、創垂既定于崇朝、而爽禩猶傳赫濯、益觀于率履之不越、而知萬物作覩之有由來耳、豈第動為道哉、今夫君子首庶物而出治、固將以一之慾行樹罔世之儀型也、深宮有懋德[illegible]明[illegible]于[illegible]即萬

開懷制義　　　　靜讀山房

姓之迪化彝教証亦消祈下念安女寰宇于歸承底著勲
名亦欲共垂諸久遠而循而不廢今日之道揆法守即他年之準
度求章從可知主極既端即可建億載之模範言有行也貴其法
也特是行之法于天下已非易而行之法于後世為尤難宇宙之
寬詎無哲士明廷之度數未克大服乎人心則在草野顯蒙縱不
能深窺底蘊而一二材智聰明之輩且將騁其姓騖而有制作自
我之思古今之遠大有傳人一日之章程未克昭垂于千古則在
子孫臣庶縱不敢妄議王章而極之年湮世遠之餘保無逞其心
思而有菲薄前人之意乃君子精神所貫注既足範天下于無偶

無黨之中而創建有神明更堪納奕世于不愆不忘之內一行不
諸一身而無忝者不足蔡衆人之服習君子自建極綏猷而後無
時不體諸身修本皇躬之實踐毋經國之遠猷則其行也固已幾
經夫詳審矣善在一已千百國咸式王猷制在一時億萬年猶欽
帝度推之步趨衾影亦寓精微而孰不旣然于有覺之德行則懷
柔震疊應其茲關石和鈞同守王家之矩矱焉耳行不本諸一世
而共凜者不能為後人之遵循君子自操修匯辦以至無事不覩
為考驗由不顯之在躬著楷模大衆則其行可信其莫不率
由矣四每之

閩懷制義

無傑出殊尤材[illegible]創造而[illegible]然[illegible]之[illegible]服[illegible]神亦若與日用飲食同爲不刊之成規[illegible]耳是蓋維王懋敬萬姓欣仰王心主極之隆百代凜茲憲典而要亦君子本身以著何[illegible]若是之廣布哉

湯盤禹鼎有述作今無其器存其辭 沈士希

行而世為天下法　二句

儲　欣

行與言皆有以及民寡過者非一世矣夫民知法則其過自寡亦何幸而得君子之行與言也天下有君子豈惟一世賴之哉今使天下愚賤之倫而各逞其私志吾恐畸行異言接迹于世而莫知所終矣顧有王者作則無慮乎此且使數十百年之間猶可必其無此患者何也彼其出身而加乎人者誠有以服之而立之準也則君子之動而為行動而為言者是已夫于崇高之勢所謂人主可以惟我所行惟我所言而天下早已窺其隱曷窺乎窺其近于驕也左史右史舉則必書[illegible]广亘祇[illegible]微之發[illegible]侍[illegible]嚴重

之體、以為人主不可妄有所行妄有所言乃下又將議其疎畧
議乎議其無所本也有物有恒積之以漸君子又綽〻乎律度之再領脉〻
合也是惟無行〻則極之建也中之用〻天下有不窺其表正者峭健典重
誰歟雖肇造之始夫豈無一二事〻創建非常而庶〻視之猶是
日用〻能之旨也故爭相法〻迨其後君子往矣天下群奉其所確切刊
行以為高曾之守規矩誠陳〻可廢也繩墨誠設不可踰也殆世
為法矣是惟無言〻則謨之許也猷之遠也天下有不欽為彝訓
者誰歟雖聖神所措夫且為天壤間之雅誥與詞而庶民視之無
非顯白與知之理也故樂有則也逮其後君子往矣天下諷誦其

所言以為聳動之具修之則吉信于四時也悖之則凶智于蓍龜也殆世為則矣雖靜者庶民之氣而不自庶民始也每見國家數（起法更鮮拔）傳而後其臣子必有囂然自負者欲為高行偈為異說以菲薄其祖宗而庶民遷相矜尚以道之後是以其氣難靜也自君子以行（講○…○自○見○先○王○流○風○餘○百○猶○在○）言示之而囂然者平矣群公卿士端委以見無不稱先王之令德道先王之辭訓而屬在草莽其敢少佚于法則之外以取罪戾哉難厭者庶民之情而不止庶民之咎也每見國家奕葉相承其子（何○代○無○之○不○止○宋○神○宗○王○安○石○也○）孫容有傑然間出者一舉措欲高百王一議論欲擀千古以狹小乎前人而庶民競於新奇始是久而雖厭之自君子以

言行貽之而倏然而下矣。嘗守文叢業、安惟是啓我孫之謀。行為步趨宣我祖之大猷為告戒而凡茲臣庶又孰敢縱任于法則之中以作不靖哉。本身之徵如是未已也。

凌空飛動之氣、故當直接西江一派。徒以典麗推之、便是門外堂下之所見也。　何義門

一路陂陀平坦步步留足、以二比大都發于水上。噌吰如鐘鼓不絕矣。讀史事熟。自然文有氣焰。異於繩趨尺步之家。

〇〇〇行而世為 二句 韓遇春

道立于可久于行與言見之焉夫動之大者無過行與言世法世則有所以為法則者在也不足𢃇後世之遵乎且人情莫不念先獻也而或非獻之弗率莫不聆往訓也而或往訓之弗遵此誠後之人所
裁亦以見諸措施宣諸誥誥者不足立奕代之準而服繼起之心也
及觀君子之所動則不然何也一王代興勢不能後漢而理動而有行焉必也顧行在當時朝野式金玉焉有不率下典者得以王憲繩之越一二世而時勢遞遷則智計遞增朝取一統而之之多門一撤而易之此非赫濯之聲靈所能攝其隱也知人以來所

本朝應科墨卷

得于行之理者預矣故行以辭禮而天命止地行以制度而天則與人官並垂也行以考文而天文與人文文矣也後之天下不過此天不過此人則不過此知天知人之行矣而可非也以真神聖首出勢不能緘默而浮動而有言焉必也循言在當時臣民仰綸綍焉有不若于訓者得以印法糾之越一二世而典入愈衡則指論愈微或從而精其變或從而代其亂此非尊嚴之勢分所得强其意也君子自知天知人以來所得于言之理者深矣故以議禮而有言一天經人紀之罔踰也以制度而有言一天則人官之罔易也以考文而有言一天文人文之罔越也後世之天下不能自外于天不

能自外于人則不能自外于知天知人之言矣而何弗世則為準
歸重最衍
之法度常新鴻路之章程如故思其行者當思其制行之準祖訓燦
于球刀聖謨炳于菁蔡思其言者當思其立言之身斯非不驕之極
與

緊貼三重切貼天人他人無此精當兩扇中無一懈筆非深心爾
練不能簡開遠

只此天人之理不可易故言行出而世世法則之宛然不負世法
世則仍歸重此為世法為世則看此章上二法也

行其義也　　李祖惠

惟行乎臣之義，知仕之所關者大也。夫義不可廢，忍見所以仁之一
而君子也仕以此其所關一何大乎。嘗觀古聖賢悲憫之懷，即已
義隱見義
亦不自解其嫌，以而尚其廢所為，而為至真[illegible]警而[illegible]處也吾意
中誠有極尊畏之一念，而又未忘自處乎其界[illegible]捧[illegible]憲行且亦
聖乎，而丈人亦知君子之仕何為也論之，全之樂舞大行何加
然
而聖之盛，正以含生而具書氣不全也，然於未盡而[illegible]結良
深循章之學，則誠思以最而插之[illegible]，[illegible]
而知于義，實而精誠直繫有者義矣，[illegible]而[illegible]者[illegible]亦行

又曰婚姻□屬才皆合禮者其時男子其文□爲次色

繫於家庭夫婦所不離焉而哉其與鄉守人之諸不得辭也至百

義而結爲至性葉有合家嚴以饕齊聚其謹而行新直安請以素

其不闕而不無書

氣少暴作而□業德慮所謂

之道僅付諸簡牘之數綴書齋竊畫喜事其出署維歷綾頒閱

常裁乎鬱勵聯綴來修諸紅藥以淼繡之時叙云爾何以預子破

慎行如是始有合君子上哉事來今和居民暴以變主將之則三

禎而後進也其必鵝姻嘉之圖而喜而刀圭遂邀猶而加以品

其夫而精

節無□慎作合以立生民之端高符蓋如妻齊以還主於巷前備

將情性之曲折殆亦缺奉香奔祭際可公春使為負有所與明倫

后稷教民稼穡 有憂之 肇慶府一等 李祥光

有教稼以分聖人之憂者、而憂更在飽煖後矣、蓋稼穡之教行、則衣食無足憂、飽煖而教廢、則禽獸有足憂也、聖人豈遂已乎、且以民生之憂不遂也、教之遂其生、而民之自憂者息、即聖人之憂之者亦息矣、不知民未遂其生、聖人之憂不息、民僅遂其生、聖人之憂仍不息、非民生之仍有可憂也、誠以設一官以遂其生、而民生無憂、不保僅設一官以遂其生、而民性仍憂不復也、欲耕不得、當斯時也、水土未平、禹有憂之、民人不育、禹有憂之、若夫人不能藝五穀、而與禽獸相逼處、則不獨禹憂之、聖人皆有憂之、不有后稷、誰與分聖人之憂哉、聖人憂樹藝之不精尤憂稼穡之不講稷也有以教之鮮食之餘進以粒食而聖人之憂一寬聖人憂萬民之不育先憂五穀之不豐稷也有以熟之好生之世民生日繁而聖人之憂一慰然而后稷教民稼穡聖人之憂解后稷但教民稼穡聖人之憂轉不解后稷教民樹藝聖人之憂釋后稷但教民樹藝聖人之憂轉不釋豈得謂貽我來年遂慊九重之願望抑教稼穡而有后稷聖人減一憂教稼穡而僅有后稷聖人又增一憂教樹藝而得后稷聖人去一憂教樹藝而僅得后稷聖人猶留一憂豈得謂奏庶艱食足慰我后之心期何也穀熟而民育無衣無食之民固變而飽煖逸居而無教既飽既煖之民將變而禽獸也夫人之有道也豈聖人而忍聽其禽獸也哉於是而嘆聖人之憂爲有漸焉使未憂

其身家而遠憂其心性將維糜維芑不命稷以嘉種之司宜黍宜粱不責稷以土宜之辨而預慮不飢不寒之後人道日即消亡則憂亦殊為過慮惟孔脩既徹六府而勿壞爰進九歌曾不於茹毛飲血之初強令橋餓而談仁義抑何憂之從容不迫也夫且嘆聖人之憂為至周焉使既憂其無恒產而不憂其無恒心將實好實堅惟以稷講稽田之法多黍多稌惟以稷陳率育之謀而一任既富既足之餘人道漸歸漸滅則憂又未免過跡惟為方既苟生成而百姓即期於變斷不使負性含生之族下與異類共其蠢蠢抑何憂之曲成不遺也夫試進評之

拈題尾憂字綰合全題得機得勢一氣呵成

后稷教民稼穡

黃宗師取録一等　張家駒

水土平而穡事興后稷之教民切矣夫民之不知稼穡以久困於水故也水既平而土可耕后稷之教民又烏容已哉孟子意謂子言賢者與民並耕吾以為耕亦古人所有事也上古之人制其器而帝至以農稱中古之人習其方而官亦以稷號蓋其耕也以天下之昧而待誨於一人自必以一人之勞而倡率乎天下然後知古人未嘗忘耕而古人亦未嘗並耕也何則氾濫方張之日土為水沒而井膏牧衍悉變為巨浸大川則登太原以望九州雖神聖不能出其手足之勤而定厥田於上下洚洞既平而後水不尅土而高下隰原仍呈其繡錯雲屯則向中邦

而延土壤在造物且日獻其膏腴之地以待至人之經營甚矣稼穡之事固不容緩也自非后稷其孰起而教之哉上世不傳耕作之書而稷謨有著遂以造生民未有之功備其水旱教因乎天相其肥瘠教因乎地分其少壯教因乎人想當年岐嶷性成早深悉乎農事之細微而訓誨不遺餘力焉所以數百載世守侯封而豳風一什猶能脩明舊業以備陳稼穡之艱難則當日之勞於為民者可知也上世未有農官之命而教稼專洛遂以開後代務本之端詳其月令民不違時畫其井疆民不爭利察其勤惰民不辭勞想當年懷襄甫定早深念乎斯民之急務而董勸不留餘暇焉所以十數傳得有天下而生民一詩猶必歷溯其事以深明稼穡之開基則當日之勤于立教者可見也

是蓋有不忍不教之意焉。自後世舍穡稱干而朝無重農之詔。野鮮力田之夫。稷知天下之害在於閒民也。進巢窟初安之侶。悉予以耕田鑿井之勞。而閭閻鼓舞咸負耒而隸司農之籍。故古者民無知識。稼穡即其知識也。抑有不敢不教之故焉。自後世舍本逐末。而日競錐刀之利。遂荒其稼穡之功。稷知天下之慮又在於曠土也。合雍冀諸州之衆。與日講夫課晴問雨之方。而父老歡呼。共扶杖而聽保介之咨。故古者民無事業。稼穡皆其事業也。觀於樹藝五穀。而民人以育。豈沾沾並耕之事哉。

着眼教字議論警闢無一語脩侵下文

多見其不知量也　子平　季金賦

惟不知量者故毀聖更不得等聖於賢矣夫武叔惟不知量故敢
於毀仲尼也乃何以等仲尼於子貢者復有及門之陳子禽耶且
（一線穿成）
人必先自知而後可以知賢可以知聖并有以聖與賢之果不同
量乃敢於肆詆者既故我之頓忘而漫用品題者復不倫之相擬
近在及門亦與不入吾門者同一見焉亦足異矣如自絕不足以
傷日月誠以莫有踰乎日月者即莫有賢於仲尼者賢人固知引
（靈警）
分當々豈敢逾涯如是而謂有賢於仲尼不得也且如是而即謂
（絕妙點睛）
仲尼．見於其々亦不必矣而況可毀乎因是知武叔之不知量

也實妄之市人以下之資則上哲之精神豈其所識而必欲後口

以較厥短長將不暇論其爽於衡人而竊嘆其昧於知己無矣人

則哲之明則至人之造詣豈易遽窺而必欲任情以示夫軒輊則

苟欲令其緩於評世姑并令其急於反觀多見其不知量也此武

叔所以成其為武叔矣然以不知量而在武叔也既未遊仲尼之

（無一滯機）

門則知聖原非所望縱使極其詆訕不過以爲愚之識獲此誣妄

（蓋）之懲止無事以多口之憎而嘆為我知之鮮乃以不知聖而在及

門也業已為仲尼之徒則景仰宜所終身縱不必阿私所好亦何

至以日月之尊下與邱陵相擬轉深沒夫中心之悅而例以卑牧

之文聖門有子禽者意豈以子貢之曉武叔者為非其誠然與胡為復以仲尼為豈賢於子貢也就子禽之見不敢謂子貢賢於仲尼而謂仲尼不必賢於子貢則茲之請業起而請益起者非仲尼之賢有以得之子貢而子貢之賢有以致之仲尼也是不知仲尼之量也且子禽亦非以仲尼為不賢而謂仲尼豈賢於子貢則茲之步亦步而趨亦趨者非仲尼之能師表於子貢而子貢之以仲尼為師表也是併不知子貢之量也噫子禽意在推子貢而不知子貢之小小祇自知其量焉耳彼子禽者奚爲身處仲尼之門而與不得而入者同一不知其量也耶非有子貢誰與智足知聖

哉○

清矯擬俗一片神行脱盡搭截題恒徑原評
吊渡挽合處無他謬巧只是一枝好筆運掉極靈自爾投無不
利李稚香

一味清真十分軒爽昔人評黎子方文當作好月看作好山水
遊文殆近之

多取之而 取之

登瀛社課 陳名珍

有不妨多取者而守常者不願也夫苟可多取則取轉無常矣雖不為虐而仍寡取之非欲以樂歲之寡為常乎且國之有征患其厚不患其薄也而有時無妨於厚無當於薄者非厚薄之相反也因時而厚厚在一時者不得以厚為過情非時而薄薄在一時者不容以薄為異數蓋厚焉而轉無定格者薄焉而已立定衡矣粒米狼戾民之取於樂歲者已不寡矣斯時也苟有為虐者或藉樂歲以為言則取仍不患寡而患多矣雖然多亦何足為虐哉人情之谿刻莫甚於奪人以罕有之需若既為民所有餘則捐之不足嗇君恩斂之彌足存物力值國家之康阜

以實蓋藏斯耕九餘三何難預籌其通暫充夫天庾人事之苛
求又患乎强人以深祕之物若既為人所不惜則棄之非以昭
體恤收之轉以示艱難征秉穗之滯遺以豐積蓄斯倉千箱萬
何至稍增其額遂拂乎民情是何為而不多取哉而責者曰是
有常在蓋多欲為人君之病計臣言新法小民遂困於貪殘故
宗祖有成規原不妨確守其以絶子孫横歛暴征之漸而變通
有盡利之方人主泥舊章寬政轉惜其誤用彼閭閻方願效何
轉以不貪為賢示朝廷奉法循例之常則寡取之蓋以樂歲校
中歲誠不為多矣然而寡取者非不欲多也天下固有同此一
事當時偶樂其便此後轉處其窮今日多取焉有不如今日之
多者而人將引為口實明知無傷於盛德而姑從其寡以成畫

一之規執是以為衡異日有大反乎是者而我有辭也曰當其可多之時我固未嘗多也不亦計之甚得哉然而寡取者不更求多也天下又有同此一端較諸此而不見虧推諸彼而不為絀今日寡焉有悉如今日之寡者而我亦復何求萬一動念於當前而自利其多以亂始初之衡嘗私以自圖他日有難遂其私者而情彌悔也曰即此不溥之舉而我已先自薄也不亦術之未善哉何也蓋為取盈計也嗟乎三代上仁民之事不一端不特寡取為仁也即多取亦為仁三代下罔民之事亦不一端不特多取為罔也即寡取亦為罔為民父母者亦行助而後可

多聞擇其　二句　　吳韓起

以求知也嗚皆天下於聞見加之盡而已夫知內也聞見外也外者不肆則內者無所挾以爲據是故統〻于聞見而不敢苟也若謂今不知而作者皆卓然自命于天下而以爲事物之裁斷無以加焉不

既襲集之言觀盡下歟

思一事必具一理閱歷數十事而一事之理始出前此皆疎也一物

所以多多

必具一情參攷數十物而一物之情始盡外此皆妄也夫吾則有適

夫子語力思之篤

以歷此矣吾立心不敢不盡吾用心不敢不細慮則無先入而主乎

發多聞多見二比䟽我以未聞

其中其可以益吾神智者如獲家珍焉其不可以益吾神智者亦如

清沙有思理

獲異珍焉細則無鹵莽而擇乎其外其可以益吾神智者詳之斯已

明文待就集　英　論語　稿　艾吾盤選

明文得勝集　英　論語　稿　歟吾盧選

焉其不可以益吾神智者傳之斯已焉如是則雖欲不多聞得乎嗬
士狃迫不聞謂是入耳者徒亂人意也則吾之處多聞者未有以驕
之也虞夏之間有傳人而其後不無非聖之書商周之間有傳政而
迄今亦多反古之制為之擇善而從權變設而總合定焉六經可刪
也以通之無弊為宗而王俱舉乎朔法之寡過而止是非好自勞苦
已也夫人之所恃者惡心而慧慧抑亦不甚刺謬耳不甚刺謬之解
何以服天下吾是以切切爾也又欲不多見得乎哉人伶負獨見謂
是入目者無關成敗也則吾之處多見者未有以慰之也人物以木
未中分得其半者不覺亡其半之非世務以參差自眯知其一端者

不知又有一端之是為之兼識不遺纖悉倂而廣大通焉忠孝辭于

文固奇險出新

奇險居然吾道內之不必無禮樂變為干戈不妨天地間之偶一有

是非好自疲勞已也夫人之所恃者求通而追思抑亦不甚影響耳

武斧餘

不甚影響之形何以告後世吾是以疏之爾也總之名蹟非性靈所

一析精深密

居而事不經耳聞目覩未可懸斷其有無勢有不得已者也神明與

眼前至理以中無責及

象數俱開而學至于窮耳極目猶或自同于聾瞽此中有難言者也

此聖人之教又示不足是多學而識者也

難言者未可以頓辭于其不得已者致力焉所謂立心甚虛而用

心甚細者此也知之既可視不知而作則猶為愈乎吾孫勉矣

天下之奇文未有不粗者也惟青嶽先生奇到極處細到極處學

明文得　　論語　　多聞擇　　吳

論語　　多聞博　吳

明文得

者不可喜其奇而近之。恐非公所能近也。又不可畏其奇而遠之。恐非公所敢遠也。須極力學他一个細。

色思溫　四句　　己未　沈德潛

繼視聽而斂檢身之功，形外者皆誠矣。夫思溫恭而色與貌皆得，思忠敬而言與事皆得也。形外者猶有未誠哉！且君子之檢身，豈惟使見聞之無失已哉？有變化氣質之功，而無慾于容體；有操持理情之力，而無戾于云爲也。一身之外見者偹之，而實一心之内斂者治之也。所當繼明與聰而用思矣。嚴非禮之視聽，則制外養中者，自不累氣體言動之私；一而盡一己之聰明，則除華去蔽者亦（字…運…語）能審容貌樞機之著。色不貴莊，惟溫尚焉，風詩致美于如玉也。君（則爲思字撒用正確）子思之，亢者難近，恩化其驕暴者易柔。思乎其戾，推其心惟恐一

息少弛而眉睫之間即無以肖陰陽之噢實者矣心和則神和神
和則色和而藹吉之容由積之慤處以默其氣也貌不貴飾惟恭
尚焉禮經有取于儼若也君子思之慢者多傲思束以莊佻者易　俱○善○而○
義○
褻思閒以則推其心惟恐一念偶踈而歧禮之間即無以作民物
之觀瞻者焉心肅則神肅神肅則貌肅而顒卬之度由慎之方寸　畧用○振○纓○
以端其範也夫為舒為斂其導和平而昭儀度者具于出言制事
之前斯存誠在一其合表神而貫始終者驗于正顏餙貌之後言
而不忠失乎此心之真實以神明所往者不存也君子敢弗思乎
合○動○靜○言○貌○思○俱○參○酌○　更○
思屬無言然成為不言之信思屬有言前定為不跲之誠即甚當

已宣而防僞戒浮一心猶隱如結也是爲去忠之學也事而不
敬遲乎此心之謹恪以內念所起者不專也君子敬勿思乎思當
未事不動者極乎戒慎思當聽事慎動者惕乎冰淵即其事已成
而驚荒誠慤一心猶凜自勝也是爲居敬之學也其在聖人動
容周旋之中禮也言語之必信也經德之不回也此無思而無不
通者淑其身而一任乎自然而在君子輯柔淑慎之不愆也修詞
之立誠也執事之有恪也此思作睿而睿通微者治其身而一歸
乎人事而君子之思猶未已也

不緊靠溫恭忠敬刻劃思誠豈復成作家而板分四比使題句

近科房行書菁華　　論語　下六七

色思　温

可以□識亦非好手。破骨見髓。隨方結陣。精當絶倫。

嚴會啓

貌

色斯舉矣　　　　焦袁熹

物之避色也，其智足觀焉。夫方動于色而舉，即隨之，鳥亦能避色耶，可以觀矣。且吉凶悔吝生乎動，則惟靜焉者之可以無患也。雖然，知靜而不知動，將有欲動而無及者。夫我誠不樂于動也，其如彼之迫（是因色而舉，實幾即不逆億而先覺也）我以動何哉。動之機不自我，關而不可不自我覺，〻之所存，不必其在大也，即一物之微，有若或使之者，參該微之爲，〻之爲生至微也。其受命于天而得之以爲心者，吾不知其于人何如也。意者渺然之形隨所驅而即納，蠢然之性任所觸而不知乎，而何以翩然而舉也（舉字醒）？（一着分用鉄）鳥負衆之無心，即鳥其舉之，〻誠與人異乎，網開而自遁于天地之

而已矣如是則鳥之舉也人不能使之舉人不能使之舉則人亦

徐俟之不形於舉而鳥之舉亦顯矣而何以翩然而舉也色斯舉矣方

其色之未形人與物俱游于渾穆之中天之所以並育而不害也各

安其性則各不相猜夫孰為先發者而必舉乎及其色之偶露人與

物無虞于爭競之地人之所為用智而相欺也人入于機則鳥亂于

於是熾為填思者而弗舉乎弗舉而色之相加物將中之已甚之為

人固不離也可奈何弗舉而色之所告物自睹之機取之名人卒不

受也可奈何即疾旋而動色旋而忘機瞬息之頃而人意之變不可

勝窮也而鳥之命懸于人意之中者蓋亦已危矣如之何弗飄然而

舉也哉。而吾固是思之。夫色何以動乎鳥之未舉也。以其未舉而

人多從色字寫舉字又從

巢字暗出色字有入微之悟故有通靈之筆　色字愈微斯字

有是色。是必不欲其舉也。不欲其舉而有是色。如不欲乎其色者也。

愈捷　名理　更合妙

而不知不欲其舉。乃所以教之舉也。藏之愈深。則恐之愈至。一誠之

不忻忻也。夫鳥亦動乎識焉。而色奚翀。色何以動乎鳥之數舉也。

以其數舉而有是色。是且惟恐其舉也。惟恐其舉而有是色。如未嘗

以色向之者也。而不知惟恐其舉。乃所以趣之舉也。要其無見而見

從見字簡氣字其理甚妙然予不可思議

益顯也。其不意而意已喻。一氣之相為藏也。夫鳥亦動乎氣焉。而色

頓寫不盡

奚至于飄然而舉。而所以潜人不舂之色者。不知其幾矣。雖後飛而

知幾何也。然人可蔚乎哉。

原批

一韓一蘇宰宰快以纖言玄理終得之乎然

前半將舉字一路頓跌取斯字見極肯綮後二股乃篤至不改其

色與春嘗以色向之靜中觀物極此變態斯字更思入奇冥誠不

可辨一氣相感如昔人聞琴聲而知殺機及公此番消息甚太者

也

色斯舉

第十三冊　卷三十八

〇〇〇亦曰殆哉唯仁人

歲試益都學一等一名　張玉樞

國以妨賢而殆具所望於仁人矣夫至於殆其國則妨賢之害大矣殆而猶可回也獨有望於仁人耳且國家制治於未亂保邦於未危非仁人之烏足語於此哉自朝有妨賢害能之臣而國因以受其病彼其嫉忌之私肆然無忌惟料其君無英明強毅之畧故至此也則安得有望於大公至正之一人乎如秦誓所謂子孫黎民既非妨賢者之所能保知夫國之所以有利者惟其賢賢援能容保無疆故天下享仁人之福也若其蹂絕善類忌刻之心則人欲肆而天理息不仁之禍可勝言哉非必危亡既著而始

知難與圖存也彼其不仁之積存於中既失慈良之德感於外寧有祥和之應而土崩瓦解矣以固國本於苞桑即其家國無事而已知不可終日也蓋其不仁之行一萌一壞於冥昧之中患遂伏於蕭墻之內而棟折榱崩矣以與其國泰於磐石亦曰殆哉此秦誓所為述妨賢之害而危言之也獨是氣化之憂以替者由於輔治之無良則人事之扶其衰者亦惟主治之人進倚陪本無愛國之忠而偏有謗國之術想其嫉忌為心亦祇以私欲苟行自蔽其德耳而既塞仁賢之路遂致空虛之危始至罷黜賢能獨不懼聖明洞鑒乎盛世不無傾險之讒臣而惰清明之主德想夫深宮修己豈為

奸回敗謀始告於本哉而既底心術之純遂徵治術之正當其無
物斯出應其仰影建無私矣於是因殆國之臣而竊有懷於仁人
矣不必矜知人之哲而格致既深自以相士之有識國不至殆恃
有仁人國而至殆尤情有仁人、上[illegible]譽誇英聚之用而誠正有原
自以遇事而獨斷世無病國之害、不見有仁人世有病國之臣專
賴有仁人也夫仁人在上國必不殆而殆驗以病國者又未必遽
與仁人遇也然而不有仁人恐國之殆者且不可救矣則以救殆
之所係重也

辭有體要不蔓不支

亦各言其志　已矣

江南張學院科考　取入溧縣學一名　章芝

志有以各言者當無慼于其已言者也夫點之志點言之三子之志三子亦各言之耳點何為以言其志者疑三子之言志耶且性情之故豈必其强同哉夫既不能以强同而必總之以有所拘而不言言矣而又致疑于人之言則士之各有所長者幾無由以共白也如異撰之曾點夫子以為無傷者誠以士固各有志耳士各有志耶各言其志已耳如以其異而不言也則由之志必同于求而後可以言求之志必同于赤而後可以言乎而三子已有不能盡同者矣而已言其志也而已各言其志也點盡亦各言其志也哉且夫志亦何常

將三子之志夾說便為下截地

之有志在乘時者與之功名事業可志也志在因時者當前之物
序人風可志也乃異日之經濟其志有待而後成而當前之日用其
志無入而不得吾夫子用行舍藏之志類如是乎點也志之夫子能
不與之哉與點乎與點之言志而已矣與點之言志不同乎三子之

此句神得入化

言志而已矣夫三子者之言何如而夫子獨與點哉夫子豈必强三

倒出靈巧

子之志而亦使之志冀春也志春服也志童冠也志沂水舞雩也志
詠歸也而後可以快然而憮然乎哉不然也三子亦各言其志也已
耳今夫志之異者聖人不能强之使同夫子不能强三子之志而必
為點之志亦猶不能强點之志而必同三子之志也而三子求又何

所分高下于其間乎何點之不能釋然于後也則抑思三子未出之

○打字傳○音○句○妙○在○點○化○

○夫以子○者○出○行○

先夫子固嘗曰亦各言其志也

渾灝流轉之中自見匠心 ○ 原批

微點之志妙將三子陪說且只用虛斂留莫春云云在後倒點有

烟雲变滅之妙至其點化夫三子者句及三子者出手法真不減

前輩矣

亦各言其　已矣　章　遇

言志者不嫌于異又可合計之而一情奇志為夫各言其志哉

不必同矣故點之言之志也三子之言亦言志也何異于點而亦

何疑于三子哉且吾人無不可向之志而亦無不可信之言哉奈

敘議一起字言字

言以前聖人樂得而聞之而不欲斯人之嘿嘿也既言以後聖人

起而進辭之而不必分著其辨論也此其間或因言以考其志或

因志而斷其言雖言有不同而總之不出乎志者近是一如點以為

異而夫子告之以無傷夫亦謂人各有志不必問其異不異也况

自頂跌下跌合惡不

點之不能為三子亦猶三子之不能為點耳三子既不計點之異

[illegible]群小題典巧集　論　搭截[illegible]合編　第十三冊

乎我而有言則默亦何必評三子之異乎已而不言乎若然則言
之不類于三子而無害其為三子即言之大不類乎三子而亦無害
害其為三子也亦曰志在則然也若然即言之知有三子而無妨
乎其言即言之若不知有三子而并可化其為三子而亦無妨乎
其言也亦曰各言其志則然也而點乎是猶然神遠矣同莫春曰
春服三子不言莫春服也而點言之曰冠者曰童子三子不言
冠者與童子也而點言之特而風特而浴特而詠三子不言風矣（下多言妙筆）
浴與詠也而點言之如是而以為異也異曾何[illegible]哉乎[illegible]知三
子之志隨乎世點之所遇隨乎時三子之事待[illegible]久點之所言倚

所以雖同一志也而點為深遠矣○背然一歟○由來蓋然○止不必

如試三印各言並末二節神理都到

謂點之異於三子之志也止不必謂點之高而三子之卑也即三

又此題有許多言妙

子之中亦并不必謂其孰短而孰長也且不必謂其孰能而孰否

也何也夫三子亦要不越乎各言其志也即點于三子或不能合

然乎既出之後而于夫三子已畢侍于聽對之際故前之所謂各

不背縮吞

言其志者至此而仍不異乎其所云也此所謂無不可白之志而

所無不可信之言也已○

風行水上自然成文天工之巧豈人力可為○前因點說異撰

而引之言志是從志即到言上來後因點問三子之言而明其

志不必同。又是從三縁剝忠上來。文于兩句恰重言字于後句。合重志字一樣話。卻兩般得神妙矣。中間莫泰一段。從點言中補入三子不言。領首句。即從尾句。直但本文不帶挑。真是一片神行也。愈鬆愈健。

泰谷言

衣敝縕袍

汪繼爊

聖人忽有感于惡衣。若代爲衣之者計焉。夫袍而縕也。縕袍而敝也。敝縕袍而衣之者我也。不知聖人何所感而忽有念于此。若曰天之生人也。不能皆貧。不能皆不貧。其不貧也。必有所以自見也。其貧也。亦必有所以自見也。然而貧之中亦各有守焉。至于極貧士之致。而尤在人耳目之間。則莫如衣敝縕者。蓋人亦豈有身耳吾不能無身也。而能無衣乎。吾不能無衣也。而將以何衣之。一衣而足以蔽體。則不必其衣之裼也。衣之襲也。取諸袍焉可。貧者之簡于爲衣固必至之勢也。一袍而未足禦寒。則何異乎衣之絺也。衣之綌也。取諸縕

非獨縕須面

言亦何所衣非縕袍亦可

蘊韻

焉可貴者之艱于為衣又不得已之艱也衣縕袍矣衣無惡于此者（妙新）

乎曰有衣不如新夫人而知之矣吾亦何惡于新乎而不能令新者（落：）

之常新也則已黯然漸敝也敝則改為夫人而計之矣吾豈誠樂于（敝字亦有層次）

敝乎而又明乎故者之非故也則是其敝已甚也是故終歲不製衣（所以致歲）

小民猶用慮憂而是縕袍也不復憶其製于何歲也不日不月一縕

袍而已矣易衣而後出儒者猶為恒事而是縕袍也見習見其無可（五月而被裘意甚關）

典易也無冬無夏一敝縕袍而已矣縕袍亦有質而此不必問其質（鎖轉衣字）

縕袍亦有色而此莫能名其色夫衣之惡也一至于此而我獨衣之（緊跟）（取字義想）

人情曰是固衣敝縕袍之人也不惟縕袍其身亦其後縕袍其心身

外之彩直寄之身內也矣即我亦因世有幾衣敝緼袍之人也吾崇託緼袍以為命而緼袍亦含吾身以安之物與身為附麗不啻我與（原批可謂言語妙天下）我為周旋也矣衆之所賤我之所貴我之所不可無衆之所不屑有斯時也俯仰一室之間自謂無蘄攤繁瞻望彼都之士誰云與予同袍是即同為貧士同衣緼袍而以其敝者當其未敝者蓋已不能一（本句一讀）致矣而乃有與立者焉彼何人斯則衣狐貉者

飄然流韻爽然不羣四字中已含見不厭身分此陶徵士文章也相似在風味何必定和其詩　原起將題面一筆直出以後逐字洗刷先袍次緼次敝字內初撇朶撇繳然後鈎帶衣字鬭圖寫成

本朝房行書墨卷集　論語

綱衣敝縕袍之人其韻甚諧于律甚細

衣敝縕

汪

江漢以濯之秋陽以暴之

驪海集　朱　英

與不知聖者言聖而即濯與暴以喻之焉夫第曰濯之暴之猶未足以見聖德耳極之以江漢秋陽庶幾其曲肖之乎想其謂諸賢曰人之觀聖人者原不可徒求其似也而有時正不妨求其似求之於祓濯之地滌蕩彌見其淵深求之於表暴之闡光輝彌形其烺炳竊嘗摹擬其德有使人名焉無可名象焉無可象者茲不禁俯察洪流仰觀離照而恍焉遇之不然以似孔子者事之而吾必曰不可者何哉誠以聖人之德固澄然其無疵亦昭然其共被者也德莫貴於無所污多所污則德之源未清即德之流多滯矣我夫子背洙面泗學旣滙乎衆流之細心復

通乎性海之靈則意量淵涵豈慮渣滓之未淨德莫貴於無所蔽多所蔽則德之體未光即德之輝多隘矣我夫子履度握文道猶日月而難踰高亦階升之無自則純修發越豈慮闇昧而未明然則夫子之德果何如哉則吾試舉一流行於地者以喻其潔吾試舉一懸象於天者以譬其堅不在斷流之細不在涓滴之微惟即游思泳思者以曲方其德一若空明澄澈非夫子不能如是之淨盡也則有如江漢以濯之不必春日之載陽不必冬日之可愛惟即陽威酷烈者以畢肖其德一似貞明炫燿非夫子不能如是之表著也則有如秋陽以暴之合江漢而言濯孰不能濯合秋陽而言暴孰不能暴乃吾意中所見為濯與暴者則止有此江漢秋陽也夫無本者流或等於溝澮之盈惟

江漢則浩然無滯拘墟者明或同於爝火之照惟秋陽則浩然常昭人特習見乎江漢故曰在江漢之中而不知其大也習見乎秋陽故曰處秋陽之下而不知其威也然而江漢已自成為江漢矣秋陽已自成為秋陽矣以非江漢者為江漢能濯者更多以非秋陽為秋陽能暴者不少乃吾目中所見為濯與暴者亦不外乎江漢秋陽也夫蹄涔之水幾何重之以江漢斯洗乃心滌乃垢陶汰倍深窺管之光有限極之以秋陽斯朝而炙夕而熏容光必照彼忘夫江漢者皆不辨其為江漢者也忘乎秋陽者皆不辨其為秋陽者也然而濯如江漢無復濯於此矣暴如秋陽無復暴於此矣聖德如是烏得而尚之

第十三冊　卷三十八

江漢以濯　皜乎　清華集　胡兆春

以濯暴擬聖人聖人之潔白著矣夫聖人之潔白固無待於濯之暴之也何論江漢秋陽乎然非是則不足以見皜皜耳曾子曰洙泗之淵源未遠尼山之日月常新吾黨沐遺澤而接餘輝當不徒得之想像中矣無虧者昭質之美在躬自具夫清明日新者風德之宏觀象可得諸俯仰然後嘆古人自有真不擬之而真不出也不擬之於其至而真其亦不出蓋嘗於親炙既久之餘默窺夫美富無窮之縕下襲水土浩乎無涯也上律天時皭乎不昧也遠紹夫堯舜禹皋之道脉淵淵乎殊途而同歸也大闡夫詩書禮樂之光華昭昭乎發蒙而發蔽也不禁睪然高望

曰至哉夫子之潔白如是也是亦何待於濯之暴之哉抑又孰得以濯之暴之哉然而不言濯則潔者不見第言濯而潔者仍不見則惟江漢以濯乎江爲四瀆之長漢滙三澨之流準此以上擬淵沖極支分引之大觀徵浴德澡身之全量但謂有本是耿猶未見聖人洗滌之至神也此其潔爲何如潔乎然而不言暴則白者不見第言暴而白者亦不見則惟秋陽以暴之乎日爲衆陽之象秋告平秩之成推此以進求明健仰觀者見容光之必照近取者驗志氣之如神但謂與時偕行猶未見聖人磨厲之全功也此其白爲何如白乎皜皜乎其性之流行不息文明以健乎川流者小德之旁通敦化者大德之發越濯與暴不參以後起吾性中有江漢立乎不匱之原也吾性中有秋

陽葆其常惺之體也純粹與高明兩臻於化而遊其門者與觀海之思慕其道者有登天之嘆焉今雖音容已渺乎一追維之而宛然在目皜皜者固吾意中之夫子也而能不寄其遐思哉皜皜乎其學之淵泉時出燭照靡遺乎息深者和順之積中達暢者英華之發外濯與暴不假於他求吾學中有江漢取不盡而用不竭也吾學中有秋陽日有就而月有將也涵泳與薰陶交濟於成而徵醞釀者取麗澤於兌仰菁英者占明照於離焉今雖道範莫親乎一擬議之而彷彿乎若見皜皜者又二三子意中之夫子也而豈敢輕言形似哉不可尚矣二三子其思之

守者曰　　馮汝軾

守者有辭、若觸于所聞也、夫守者、非素知魯君也、何一聞垤澤之呼、而遂有言哉、且居之移人、當局者不自知也、而傍得之于旁觀者懷者、不能已也、而無形之千萬類有先哉、吾一見于而不能已于言

乃從下句悟字領得神致

也、雖然、豈獨我哉、試觀魯君之宋、一專其垤澤之呼、何為哉、若為修好而來、自宜藹行人以將命、或為莊想而至、亦將入境內以致辭、而皆不得僕僕、有守者之言、夫守者職司斗斗、惟知啟閉之常、則夙夜之戒嚴、門無覺豈御、守者承乏封疆、久熟往來之旅、而一時之駭異

自守字上二句呼字下擊發

嘖有煩言、豈其言也、為魯言耶、為宋言耶、以心應耳、以口應心、觸于心

字字

遂形于口而已其言也非為宋言耶非為魯言耶若有問焉若有答　神妙已

別具靈蘊

焉自為問亦自為答而已見則徵見也聞則徵聞也乃嶽議方深而

深至甚

穆然神往其在見聞之外乎信以傳信也疑以傳疑也乃咨嗟不已

妙非至甚　人肩吾方觀情景皆雅

而憮然若失其在疑信之間乎虛靡時門以外之鑾翔方聽雛鼓衆

俾以告而抱關小吏自為有感之詞虛靡時門以內之候人未至誰

云卻勞有文而三嘆封人竊作無聊之語味其詞則大君平日之眷

尊在于者未能無意類其語而公侯一時之氣體在守者若有深慰

焉之猶人甚矣哉

處處從上文領入知其緊照下文起意落想俱在題表用筆俱在

題前每于抑揚吞吐之間見其神味無盡　王若霖
因呼而動為自言非答述甚擬入微句少而意足

守者曰　馮

守望

啜茗軒集　任式膺

弭變於鄉、同井者更勤守望焉。夫守之於近、望之於遠、所以使民自衛也、同井有必及者又如此。且先王寓兵於農、所以弭變於無形也、而即以籌防於有事、蓋冀俾者室家之保、捍衛誠不容疏、戒懼者姦宄之乘、識察尤毋稍忽。近之必嚴其禁、亦遠之必伺其蹤、所當於安樂之餘、更計行乎患難矣。鄉田同井、豈惟相友於出入、時識風雨數椓、差幸微廬可託、苟揭竿起事、我疆我理、盜賊公行矣。同井者曰、是宜守、汝渠卒歲、庶幾比戶無虞。苟草莽伏戎、永夕永朝、奸人竊發矣。同井者曰、是宜望、則必堅其守之志焉。衡門環堵、多藏每致多虞、使竟任其寇氛滋熾、則已然者其勢雖不若弭盜於未然者其勢易也同井無夜行之警而四郊無犬吠之聲知必有弭患於其先者矣獨力以禦兵戎雖武備有餘亦却避而難與爲敵蓋防盜以獨力者其勢孤不若防盜以衆力者其勢盛也臨變有共命之人而伺察無忽疏之患知必有防禦以同心者矣何也斯時之民蓋已守望相助云且夫有備而無患者聖主之所以防奸也同力而共濟者盛時之所以杜亂也弭盜以民不以兵而兵民合一者則又古先王寓兵於農之良法也嚴斥堠以資防堵非不足以備不虞而究之兵不易聚者亦不易散聚則徵發煩而騷擾民間散則奸宄滋而橫行草野禦盜而適以滋盜王者不爲也三代之盛也耰鋤亦可同仇戀田廬者自圖鄉鄰比隣豈無公憤勤保護者如衛父兄蓋守備密則盜

之窺伺無從望察嚴則盜之行蹤易露況乎互相巡察者又非僅一手一足之烈也夫是以野有露積初無誨盜之虞路不拾遺如有重闔之警募丁壯以護里閭非不足以資捍衛而究之民不易合者亦不易離合則召募紛而人心易變離則閑散衆而游手必多安民而即以病民盛時無是也王化之行也居常而兵亦爲農習表鄙者非無勤旅遇變而人有國志禦盜賊者勝於官兵義堵守勤則盜之竊發無由瞭望切則盜之萌芽易察況乎遞爲保衛者又不止一人一家之事也夫是以擊柝宵聞長夜無可驚之警雞鳴鉦晝集比戶有可恃之干城而要之井田之善政尤不止此

真氣蟠結中有沈鬱之致

守望相助

黌儁集　莊世驥

守望嚴而寇盜息兵農合一之良法也蓋非互相守望則寇日滋矣井田行而守望備非兵農合一之良法哉且聖王之世閭閻充足而寇盜不行者人謂其法良意美有以除寇盜於無形而不知其寓兵於農實陰防寇盜於不覺蓋寇既至而徐為拒不若寇未至而預為防寇未至而獨為防尤不若寇未至而互為伺其治盜之人即出於力田之人而兵與農遂可分而亦可合不然使鄉田同井出入相友之際而僅可與處常不可與處變一旦寇盜猝至防禦無資則閭里衣食之需不適以藉寇兵而齎盜糧耶而抑知否乎倉猝而聞寇警雖鄉兵素集亦束手而無可如何蓋弭盜於

予室漂搖難再綢繆未雨也而奚容不守則必怵其望之心焉徑遂溝涂陌路通於衢路使莫究其詭跡潛依則蕭牆召禍幾於剽掠成風也而奚容不望然而守之匪易也小人之窺伺窮日夜以為緣草野之防閑遏暑寒而易瀆則濫將不息而顧瞻東壁奚以成保障之功然而望之實難也村有吠尨縱聞聲而即警寇同為蜮欲捉影而無蹤則桴鼓時鳴而徧歷西郊奚以明詰姦之禁然而守非繼之以望無以宗其守也惟望焉以窮其淵藪斯守焉以固厥藩籬保衛其非疏也而幾家燈火之宵無殊重客館垣之地然而望不先之以守徒自勞其望也惟守以堅而禦之必勇亦望以徧而巡之益嚴稽察其毋漏也而閭左風聲之警無異軍中斥堠之明守則閭廨自衛望則擊柝周

行內與外俱勤而部屋雖卑幾頻重關險隘固所守而鼠竊無虞窮所望而鵰張弗患往與來無急而荒郊雖僻如闤闠刁斗森嚴近為守而遙為望卜晝卜夜詎有始勤終怠之嫌守必密而望必周同澤同袍更無彼界此疆之別由是而更可知其相助矣

心花怒放意蕊紛披而步驟尤極井井足為後學津梁

意義精湛用筆亦紆徐為妍非磨琢功深者不辦

安宰我章　　何浩

賢者直以為安亦不反求諸心矣夫子猶以予必有不安於食稻衣錦者乃直應之曰安不已昧乎想其意曰吾人苟有未能釋然於心亦不敢遽然而出諸口矣若既見時之可殺而禮之宜通又何有於服食之求而猶存遠嫌之文也耶予尚以食稻衣錦疑於予之有不安乎夫粥食衰服始喪之禮為然在予有不如是（放寬）（轉念）則不克歉於心者而期則去初喪之時已遠矣即疏食布衣既葬之宜為然在予亦尚有如是而無所疑於懷者而期則視營葬之（緊接）日亦異矣一於時而且曰吾安於疏水之食而於稻有不安乎夫古

故為作厚之之語作反襯

有稻粱蔬藝而興嗟父母之何嘗者則對茲稻之盈篋或亦有不（宛肖題神）忍食之之情然而日居月諸亦既及期寧弗可以淡然當之乎於是而更曰吾安於衰絰之衣而於錦不安乎夫世有斒斕為樂而慶幸父母之遂存者今雖有錦之可製未免有難為衣之之意然而寒往暑來既期而後猶弗可以晏然處之乎（反接）一如斯而猶不安於稻食也是新并不得嘗也今夫菜果之含禮亦嘗為小祥言矣以菜果而視甘肥則甚殊以菜果而視夫稻相去曾有幾歟（偏有暗襯）而謂食之之不下咽也抑期而尚不安於衣錦也則時并無取於變也（遞前）且夫練縹之衣禮亦得為始期飾矣以練縹而視麻衰亦已文以練縹

而易失錦增華又豈多乎而謂衣之獨不稱也一勉而為擠毋乃居
宏○僻○語○以○工○辣○
化○用○櫽○手○及○
不以情數易其裏究亦行之不實矣至期而可已食與衣而何有
乎予敢直為予言曰安
宰氏既云期可已則期以內深知有不可食稻衣錦之理隱存
疑作期年外說極得文內更多善解脫語宰氏之向以言見取
於人想亦爾爾

安　　許開基

以不安為安者自昧其心者也夫食稻衣錦是可安也孰不可安也宰我殆無解於期之說而昧其心而云然乎若曰予竊怪夫世之居喪者雖曰三年寬其心實有不能一日安者（夫頤）彼蓋廹於制之無如何而非根於情之不容已也故知古制是拘者之不安則知稱情而出者之無不安矣夫人子之於親也（偏說得極刻毒）豈徒博此不稻不錦之名乎苟徒狥乎其名則雖終身不稻不錦可矣而此衷何以自安也人子之於親也（更說得極平常）要自有可稻可錦之實耳我苟盡乎其實此亦不過率其食焉衣焉之常也而此衷復何所不安乎是豈必轉

確是信口答應　摹畫傾銳口吻

一念焉而曲以自解曰安哉夫初念已堪自信而使忽轉一念既
思與人之謗復思邀人之譽而躊躇於稻與錦之間則此心之委
曲殊多哉固有不假思維而確然可信於初念者曰安而已矣是

確是言外不添一辭

豈必煩其辭焉而以解於人曰安哉夫一言不難直決而必更煩
其辭既以如彼為太甚復以如此為無傷而辨論於食與衣之際

土委地

則此心之反覆難堪哉固有不煩詞說而斷然可決於一言者曰

引証文雅與松栢簞粟之語如出一口真乃寫生神手

安而已矣夫頭有創則沐身有瘍則浴有疾則飲酒食肉不聞其
不安也亦以明不勝哀者至比於不慈不孝故有疾焉而安即無
疾焉而亦無不安也五十不致毀六十不毀七十飲酒食肉處於

內不聞其不安也亦以明爲人子者原不在毀情滅性故衰老者而安即少壯者而亦何獨不安也誠爲溯厥初生能食ゝ而父母爲之色喜始勝衣而父母爲之色喜則茲之食稻衣錦不獨子心之所安度亦親心之所安也迨至刺習成風人盡去矯拂之虛文人盡安自然之天性則所云食稻衣錦不獨一人之所安當亦衆人之所共安也期之說何不可通之有

借〇點會理

妙〇ゝ〇觸〇處〇通〇靈〇

看〇得〇極〇方〇便〇絕〇無〇

〇悉〇悍〇是〇發〇問〇本意

工於傅會真乃善爲說辭有疾衰老二襯更出意外匠巧 朱墨酉

隨口答應還他囫圇語氣巧匠神機炙轂不窮 葛開什

憑空結撰足令枯楊生花焦穀發坼予欲在言語科固應爾ゝ

宋漢儁

筆舌互用。強詞無非妙義。淳于子無才。東方子無學。為此種文

形之也。叔奎聚

要

安見方六　非邦也者

吉文宗科取龍溪學一等第一名　李金蓮（本姓黃）

小國亦邦也可無疑於爲國矣夫無六七十五六十則非邦矣而求若不敢以之爲邦則安見其非邦也耶昔先王封建天下而衆分其國錫以土田予以人民所謂建邦啟土也則有國者皆可以邦稱之而邦之與國蓋異名而同實矣顧邦之大小有不同而地之廣狹則一定自謙退者視之雖欲自任以有爲輒若游移而莫究則不敢自信其爲邦者而亦共見其非邦也乎子疑吾之哂由而顧以求之非邦爲問耶由言爲國而求不言爲國然列爵惟五有六七十焉有五六十焉雖不言國而未始不可謂之非邦也而

言千乘而求不言車數但數地以對既見六七十矣既見五六十矣即不言邦而何嘗不可見其為邦也今夫邦亦不一矣提封之初分土惟三自齊晉主盟昔見為七十者今損而六十五十矣昔見為五十者今益而六十七十矣損益轉移而邦非先王之舊者有矣申畫之後封守猶慎自吳楚蠶食昔見為六七十者今或兼有五六十矣昔見為五六十者今或并有六七十矣兼并變更而邦非分胙之初者有矣而要莫非邦也有邦則有政之煩而有難簡政劇而有難為治非才畧有餘者不足以勝其任求之從政寔布之優之而乃以六七十五六十自處一一似拙於為政也則安見

其不優于為政也有邦則有民民庶則難以遂其生民瘠則難以致其富非藝能素裕者不足以奏其功求之於民寔借之裕如而乃以六七十五六十自居又似短于為邦也則安見其不長于為邦也者吾見方六七十在求可以不讓何況于五六十乃求似節量焉而降而愈下則內之可以對一己而自信外之有以壯邦國而增光吾見千室百乘而求可以為宰愈知無難于六七十五六十乃求更巍巍焉而若不自安則謙卑不生出獨之羨慚而才猷足重當途之物色蓋求亦為國者而子何疑吾之哂由乎

第十三冊 卷三十八

安見方六　二句　　　　儲欣

即地以致詰焉甚不解其所見矣夫方六七十如五六十求言具
在而點見自左也點安見耶且先王建邦各有分守詎不謂維藩
論○几○字○入○
維翰使人按圖而如見也乎乃若此疆爾界言之者犂然而聽之
者不察抑又何也豈其別有見歟政未可無見而云爾矣謂求非
儲○句○恰○清○題○位　點點題句老　說起方○六七十
邦點盡思求言求不曰方六七十耶求而牧民于鄉遂也與牧民
正為下○文邦字作案
于都鄙也必有辨也而求不言惟是取同堂所謂千乘之數而損
之抑又損之如是已矣惟求有方六七十之言則聞斯言者疇弗
○擒○見○字○只○是○虛○步
存六七十之見也乎求不曰如五六十耶求而僅使鄉遂之民只

也與僅使鄙鄙之民足也必有辨也而求不言惟是取前世所謂六七十之數而減之抑又減之如是已矣惟求有如五六十之言則闊斯言者亦疇昔存五六十之見也乎存此見而致慨于強兼直接見字

從蒍而論起亦字妙不犯實

弱削之日甚則帶礪其未可恃也曠覽二百餘年之史見有六七十者焉闊數傳則為墟矣見有五六十者焉不數傳則為墟矣杞

如此才是非邦

鄫深不祀之憂蓼六抱怨諸之痛區區截長補短爲覩守一定之

此時點位以見字救住仍是虛

疆索而要及尚商者乎然嘗其未及爲墟之日則此六七十者居

步留安見字在未路上也

可見也即此五六十者亦大可見也存此見而有感于華路藍縷之敝雖則叢爾其未易量也言念蘧大諸侯之始見若方六七十

矣未幾而拓地千里者有之見若如五六十矣未幾而拓地數折
者亦有之嬴秦兼曹鄶之遺吳楚盡東南之壞區區截長補短烏
此衆人共見落那者对意殊变
觀拘始封之土宇而僅以圖存也乎然不待拓地過大之日而此
摶合處華臨齊處
六七十者已共見為六七十也即此五六十者亦明見為五六十
也然則方六七十如五六十求無是言則已耳求言之點開之謂
又用幾層波折跌出安見
是惠邀于衆建而勢遜于大封此一見也謂是壞狹則需才而上
瘠則向善此又一見也謂是逡巡屢却有謙讓未遑之思負寡弱
安有勝任愉快之想此亦一見也而點俱文覷點別有見乎點果
点睛
安見乎

見字端實安字行空。六七十五六十。妙用虛渾。攝全神於半面。而一字不溢。令讀者嘆其游刃之寬。忘其經營之慘。荊星顯

從見字翻騰易于走下。看其鈎勒題位。絕不俯侵中二比。才情煥發。都瞻藏得下文。邪字仍以見字虛虛押住。巧法兼備。安見二字匿末一點。是先正古法。尤爲古

儲

安居而天下熄

山東陳宗師歲入
金州衛學一名　趙傑

明天下所由熄游士之勢愈張矣夫儀衍之時正天下不暇熄者也
而景春以二人之安居能熄之若謂世有大丈夫欲使天下畏我愛
尚未題所入上句內看得甚
使天下懷我以有懷之者而其勢之可畏倍彰也若公孫衍張儀豈
止一怒而天下懼哉亟思其一怒時天下之不熄也甚矣夫天下之不
從發始至句終勢一貫前
熄始於秦而怒之以韓魏與楚儀衍一生能用秦以爲楚能用楚以
卒韓魏能用韓魏合從以事秦能用秦以通韓魏而棄楚孰謂儀衍
爲安居之人耶疲憊軾而游即造一干戈搶攘之形以鬬天下而任
其目勝自負且借箸而談并挾一兵以震驚之術以搆天下而餌其

小試利害　　　　　　　　　　　　　　孟子

怨合忽離孰謂儀衍爲安居之人耶雖然大丈夫處世其負天下也
以口其報天下也亦以口假使天下諸侯王而發發焉輸款於儀衍
以望其解懸則戰爭縱迫不妨偶然止響而告以鎮靖之可依抑使
（大○張○旗○勢○于○題○內○）
天下諸侯王而惕惕焉乞哀於儀衍以期其援手則師旅縱興不妨
暫爲閉關而亦以張皇之可免吾見一旦而秦之廷無鳴甲焉人以
（能○收○局○守○）
爲秦之不樂爭衡也而吾以爲儀衍之安居正其機也一朝爲韓魏
與楚之郊無甯宇焉人以爲韓魏與楚之不欲角逐也而吾以爲儀
衍之安居正其驗也彼世之高談仁義者亦常以安居自命矣然而
（暗○剔○着○孟○子○是○題○使○說○處○）
令人安居則一國熄儀衍安居則天下熄其度量之廣狹相去若何

安居而天下熄（孟子） 趙傑

一憲

切戰國情事。肖景泰繁口 書幽敎

安居而

趙

安無傾夫　安之

山西黃宗師科試稷山一名　張其哲

安不獨無貧寡也、內安者更當安外焉、夫國家既安貧寡、其所後也、而遠人未安、文德其所先也、內與外不均、賴乎安乎、且國家所患乎不均之後、惟不安是急者何哉、蓋邑桑來則懷柔無南以知內外相維繫者、誠無易乎安、究一說也、是故既均既和之時、其所以措國勢于靈長、衍家聲于不替者、知非上猜下疑之朝所得內裕其丕基、而無貧無寡之後、其所以固享其國、而使凡為國者所樂觀家享其家、而使凡為家者所樂附、亦非羨声濯晏之事所得外彰其政教、今夫物之相殘未有不求其能安也、物之相附未

着至甚明

○數○語○包○括○題○無○余○漏○

○緊○起○安○無○傾○句○不○浮○寬○衍○

○注○意○下○節○遠○人○一○氣○包○

举

○上○暖○字○

近科考墨實錄集　論語

下安字

有不欲其各安也國安于國家安于家何如寧謐也國與家安家

與國安何如輯周也安則自無傾無傾也夫當無傾之時而享其和

錄足上大　乘勢時下

忘于貧寡吾安吾國何所慕于遠其國者吾安吾家何所羨于遠

其家者且無傾吾國豈其忍于傾人之國無傾吾家豈其忍于傾

人之家遠人不服惟修文德以來之也當其時有同者當寧武微

夾尊巾以明入呂補之

之思有家者亦深繁業之俱而内治既修危亡自凜故憂危顛覆

從不見于上恬下熙之世而無用勤思遠畧也為當其時來遠者

惟慮紀綱之不飭柔遠者惟慮禮樂之不明而外攘既修歸附自

深故德洋恩溥自不覺其馭遠綏荒之勤而未聞興兵黷武之事

既來之則安之（此兩安字與起句應）內以安其國家外以安乎遠人古人于不均之後惟不安是患者正以此

安無傾是安內既來則安是安外題以此為起止自當案切其寔外之安由乎內安而文德之修亦不出均和安之教也下語極貫串却極有輕重規格渾成品端凝重

安無傾　張

如之何孔子對曰君使臣

一名大田 鄭雲從

欲君臣之分當如知其為君、已大欲於君臣之大分而後責望以其臣為君之道於夫子與使臣而先言之殆欲為君者端其本耳且君臣之大義曠古為昭其所以啓儆於一朝者固有在語曰二三臣子惟堪使令之役哉夫惟不僅在使令之役則臣之所以為臣與君之所以待臣者正可無與窮而端端也已曰何定公有見夫今之大夫實有不為臣之心特舉事君使臣以為問蓋欲孔子出一言以相告使為臣者聞之自知事君之道君得而使之而臣亦樂為君使也是事君使臣只同其道耳定公所以有如何之問也。謂夫統馭臣下者君也。而效力于君者臣也。為君者如何使臣而不負所使。而臣者如何事君而無慊。此中國有經綸也。其謂之何。仰承君命者臣耳。驅策乎臣者君也。為君者必如何使臣。然為我使為臣者必如何事君而不慊。此際必有措施也。其謂之何。斯時孔子聞之。蓋知定公之所責望者在臣。而不知其原本乎君也。夫君之下臣。而何可漫言使哉。雖然亦顧其使何如耳。試思古今來聘問有使。會同有使。以及燕饗會盟。莫不有所使也。而亦未聞怨咨聲曰無之。何如之何。而迫于趨命也。是君之使臣。臣之分也。然而使之何[illegible]而亦[illegible]食[illegible]

優隆之奉雖按甄遺大亦所樂而故吾為似也即從之不違
處之敘居六豈有無所如何　意然非吾使而使之必有所不
樂苦是在　于使之之際自得其權衡非不知臣稟然事役食之
心雖賢筆獨勞亦所素願即極之不遑將父不遑將母夫豈有未
如之何之嘆能知其分以使之則無所不願者要有君于使之之
時自知所鄭重是孔子曰君使臣所以答定公如何之問亦所以
古使臣之君皆知自盡耳安得殷殷致此者祇知人臣之事無容
辭而汲汲以對亦惟求乎君之無或慢使臣以禮事君以忠而
君臣不當各盡其道乎

南闈校士録

搏捖得訣筆如滞機

如之何其廢之　陳　書

以情語詰隱士欲因其情而通之也夫亦既廢矣而曰如之何其

必帶長幼之節比對方合如之何口吻

廢之蓋以有情于長幼者必不當忘情于君臣故欲使之自悟耳

但貼如之何語氣　節不廢　義竟廢　隱者

若曰甚哉人情之難解也既有情于家庭而獨忘情于人世其情

病痛在此

敎而未平矣其情窒而難通矣試即其激者而平之試即其窒者

以吻甚善　承上句來

通之則試即其忘情於而食端之君臣之義豈反輕于長幼之

此先按定義不可廢大意

節耶獨有大若猶之家有廢君說也父兄在前子弟棄之而高蹈

情何以堪乎大義必準人情吾顧高蹈者之以情度義也義不可

廢猶之節不可廢假使尊卑失宜骨肉參商而遠遁情何以安乎

達情以不悖義吾願遠遁者之以義撥情也其在遠遁者必不無（亂道不行之故用華便宜處）（二語轉出義字之著世）（此如之何）故矣天下滔滔若父之大閑藏裂已久耳之所不堪聞者如之何其（三字是倒借法）可聞也目之所不堪睹者如之何其可睹也世內無皐夔誠不若（馬句）（發矣）世外有巢許矣其在高蹈者又或有詞矣風塵擾攘民物之常經（晚者意見大抵皆然）凋敝已極舉足皆危機如之何其蹈于危機也觸處皆密網如之何其決于密網也廟廊無俎豆誠不若山野有桑麻矣于是絕口（秀絕）（再為發之）不談朝市則綱常可廢也（發）（二字蓄勢）黃綺別有羲皇則聖明可廢也物外儕（發之）然更何所容其留戀亦且以動四體為熟業而塵世之熟業可廢（行退）也以分五穀為經綸而塵世之經綸可廢也長往不顧更無所用

二字勦轉

其低徊雖然山之巔水之涯理亂不知黜陟不聞若臣之義似乎可達矣然即使壞僻雲深何處非王家之尺土而如之何其可避

折入不可盎透題正面句調秀絕

出而作入而息與人無患與世無爭若臣之義依乎可逃矣然即

正懸如之何　跌入一

其較雨量晴何刻非寰中之日月而如之何其可逃一微論無可逃

僧打動丈人本心　妙甚　跳出

也即使可逃而彼非能逃之人何也彼固非無情者也依然有饁

長句之斷相形越激宕如之何神理

餉之儕依然有侯門之侶依然與其家踐土而食毛而謂天經地

亂　辭

義小灑可棄之如遺也乎微論無可避也即使可避而彼非欲

正圖其所明者以通之文情飛舞

避之人何也彼固多情者也藹然有天性之樂藹然有禮讓之風

藹然與世人慇懃而晉接而謂上天下澤之分獨可漠然視之也

受其然則彼試以義揆情亦不能自為解也彼試以情度義當亦不（懸起比）（懸○起○講）

能措一辭也試以其情之激者平之試以其情之窒者通之如之

何其然ゝ

君臣之義比長幼之節更重隱士竟廢之廢之必有其故起講

下虛ゝ將義與情較量不可廢大意是反題先正法中幅代他

想ゝ所以廢之之故所謂泉石膏肓烟霞痼疾緣猶ゝ皆是舉

世無邪耳其寔君臣之義無所逃於天地之間棹轉如之何三

字ゝ將長幼之節相形直打動丈人心地上見得君臣大義原係

天性固有何可偏枯情理俱徹其局動寬展文切翔舞詞采更極高騫有名筆也

如不勝上如揖

勝執圭者觀於上而似不勝焉夫不勝執圭上焉豈能如揖予之不勝特如之云爾則其揖也亦如之云爾且禮之有勝也設几而不倚爵盈而不飲所以明揖讓也夫揖讓明而後勝其任然勝而有許以爲勝也者則亦有揖而非以爲揖也者如子之執圭而鞠躬也夫桓圭九寸公守之信圭七寸侯守之國之重寶也然執之奚至不勝也吾聞君子之行禮也進則揖之退則揖之方其執圭則進也進則薦折垂假如揖焉幾不勝矣然而奚至不勝也不勝則君與卿圖事命使者使者受而棄之門所跳其非不勝則亦君親送于門內北面拜

覲朝而受焉又曷以爲其禁乎之執未矣至於不勝也然而如不勝也夫執虛如執盈步儀也執輕如不克曲禮也今使者合兩國之好素崇節以行事而敢忘諸其如不勝也猶如執盈焉爾也猶如不克焉爾也寡君時使於以皮弁入矣公揖矣曰納寶也公曲揖矣曰及廟門也公與賓三揖矣曰歷階也賓且升于西楹矣公左還矣曰賓致命也而何以復揖也從乎上而觀焉如不勝乎其執圭也則亦揖也而如揖也其如揖奈何考諸聚事受玉隋執玉焉於微也國君平衡貴如揖焉過則稍首也不及則拱也如揖而圭首與紞縱平始稱乎上也然上則又曷以如揖其如揖也如不勝也艱嘗壹肆矣盡階

朝服而無執也未由覩其如不勝也然而如揖也入境而賈人執圭
送親展之恐〻乎如不勝矣儼乎接而藝而立矣而敢不如揖及乎
故積屐纚使者齊莊正齊奉以將事雖如揖焉猶懼不勝也而後上
乃不敢乎其度也進其後當稽拜者公也負序逡巡者使者也並受
玉於堂與楹之間而向之如不勝者可以少紓矣然或者顧而視之
猶以為如揖也

採儀禮以立言恰是此題面目揚信齊閫最有功禮經此種文皆
與參看　原評

以典實點化題句以筆妙點化典實此之謂會讀書人不然腹
經笥猶然書簏耳

吳荊山真稿

第十三冊　卷三十八

如不勝上如揖

福建同宗師升　林豐玉
同安六名

龜而重承之宜不至于太高也夫圭而視為易勝則失之高焉勢也如不勝矣而敢遁於上乎擬之以如揖也固宜昔者邾子來朝其執揣○揣切○意至止高而仰夫其仰也則無持重弗克之防而其高也且有玩尤不恭之態無他致有不存遂不能使禮儀之卒度也而獨非所論於夫上字、推字、借、狀法子之執圭想其鞠躬而承也上以昭吾君睦鄰之雅次以觀行人揖筆○如○弄○丸遜之容其勝任愉快乎國之光也其闃越貽羞乎君之辱也顧以子之盛德而奉持以往似可從容而將命焉亦何不勝之與有抑知勝與不勝非必以輕為衡也以輕為衡則是圭也特塊然一物耳非豈

學毅之重常有顛越失措之虞惟以敬君為念則兆專也定君命所

奠一重去滿

在也豈若詳羃之美不妨托于股掌之上吾既予鞠躬擬之一若重

舉忽齊而亟於力之無可如何一若大任祇承而寧於氣之莫能自

描寫如生化圖繪家

遲一若輯五瑞於盈廷而天威咫尺覺怵息之不遑一若登於六奕於

周廟而宗祖降臨惟奉承之愍歷揆以如不勝而其身容已可想矣

流連有待

獨只身與手常相因身俯則手雖為上焉勢也欲繇為上必反失之

過上焉又勢也吾聞執天子之器上衡係侯封也執而過高則近於

上陵執國君之器平衡子君使也執而過高亦哉於上僭而夫子何

活看上字傳合下白

如也吾見其上也非有心於上也第升降之際偶焉在上亦未嘗過

於亢也殆依然張拱端好之儀乎又非專生乎上也弟趋蹌之未有時而上亦未嘗失其平也殆不殊拜手颺言之頃乎非惟也而曰如揖亦循之非不勝也而曰如不勝云耳是知敬行於身則磬折之槩地於奉盈執形於手則矜持之貌著於拜揖乃有時而下焉又可得其形似矣

林濤盡致法亦老到　原評

洪熟詞圓小試最忌滯字文机一滯雖有才藻必致拖掛似此通首流利中一段尤有水流花放之趣　羅幽穀

描寫如字各得景象轉關扣勒筆法變到其一段机神飛舞之致

考卷分類樂閑　上諭　備余

讀之更能愈鈍卻滞

知不勝

上

如不勝上如揖

紫陽　陸景雲靄山

有勉擬其身容者可遞驗乎容之上焉夫擬以如不勝身容之鞠躬有然進觀於如揖而手容之有時而上者不可先擬乎且人臣苟勝任愉快則主器是承正不必時凜一上人之心而過爲揖遜惟內存不克持之心外遂表不克持之度即當舉手爲容之始有不敢抗而使上者固可徵窺之而擬諸形容矣執圭而鞠躬如夫鞠躬奚似哉憶自乘繅襲五擯着請命子方手承夫圭雖三揖遜容表服拜手以致謙也第見神之斂攝覺器之盈任之重幾等力之小騁譬所云上介執圭如重難躬焉如恐失之者其在斯乎蓋

如不勝之見於身容者如此制本不踰乎尺寸而君上有命一若輯五瑞於虞廷而天威咫尺常有顛越失措之虞事亦有賴於薦陳而揖讓相承一若薦六舞於周廟而宗祖鑒臨恍呈筋力弗堪之象擬之以如不勝夫子之身容不已有然哉顧莫能勝者物之歎於力也而如不勝者物之歎於心也以夫子一介行人重膺國器先王先公之靈實式憑之社稷人民之寄有攸賴焉於此而弁髦視之亢直形之其隕越以貽羞者非特身容無以作肅而手容不已先失哉乃夫子於此時無所為上也而有別乎其上之爾則有時而上矣上無所為揖也而欲曲擬其上之象則以為如揖矣

入門則有揖及階則有揖揖之為地不一而茲之如揖乃就上而擬之也離乎上而揖之形已變故上於揖無實境舍乎揖而上之真不傳故揖於上有定名則當夫輕如不克而容無過仰已儼同揖必違位之儀已賓升西楹而未明言揖公還北鄉而未明言揖揖之為用無常而茲之如揖文即上而側之也上非專繫於揖而揖之適相比者已為上開一可擬之端揖非能包乎上而上之受以節者亦為揖懸一難分之境則當夫執虛如盈而手不過高之冷大夫旅揖之度已上之如揖固如不勝時之所可並擬耳蒸凜主器之尊嚴既若以力有難伸者表佩委佩垂之節而慎儀容於

樂執尤先以高不可亢者參時揖特揖之儀合觀下之如授承夫子手容之恭見於執圭者又如此。

兩如字描摹盡致圓成盡敏心手相和自是水到渠成之候兄曉峰

迴環映帶法密機圓沈少潭

如不勝 陞

浙江王學院歲入桐鄉二名　張俊秀

如不勝

聖人致謹於主器而力以心絀矣（二篇宿手處）。蓋謂夫子為不勝、固非知夫子者然、不如是疑之、亦無以得其敬謹之意也、門人若謂、吾黨記夫子之入公門曰如不容（原評從上節倒看截清題位）夫卑者不敢不苟高、若公門其容俯焉、則非不容也、敬著于身、特如之已耳、今執圭而又鞠躬如者何哉、蓋人之執一器也、一手舉其輕、兩手舉其重、以兩手之力多于一手也、則一手之不勝可知、抑人之執一器也、稍重者車半、手舉之尤重者、兼乎身舉之、以一身之力多于兩手也、則兩手之不勝又可知、如其用力于手、而手既難為竭力于身、而身常弗克、于是器雖

（原評：昆此實、原評金從鞠躬摹寫如字方活、此此至、倒沙）

自朱連上

執而躬為鞠矣至于圭也列蒲穀之上寸有所長在鎮圭之下尺有所執固手之所執以為贄也何假乎躬而始勝之本國則貴人（東許與華）答儐而授于宰鄰國則上介承繅而授于賓又手之此共淪以為瑞也何及于躬而轉無以勝之雖然自器以論圭自處于輕若問其所從來而以卑為輕以尊為重則器之出于主君重矣主器之命于天王尤重矣圭在斯君在而輕乎圭者即輕乎君而謂其易勝乎即自人以論圭之執自處乎輕若觀其所欲致而以賤為輕以貴為重則器之違于鄰君重矣鄰君之受于祖廟尤重矣圭在斯國在而輕乎圭者即輕乎國而謂其易勝乎賢明行事之後得

讓不可簡而襲執者彌覺其艱而欲致命之時衆介不敢忝而奉持者孫將其搓此以知力之是與不足皆生于心〻愈縱則氣愈張心愈敬則體愈斂彼乎有待于身〻見絀于手此力之所難而不勝者也若夫子則乎非有待于身〻非見絀于手以心〻之所謹如是羅出而如不勝者也不然所執者僅一圭而何至如是其鞠躬哉

刻畫精細能以意勝故無一語連屬上向及移擬執圭通用話

原評

前路從實在不勝者說入正是伏題中如字之根蓋如字從上鞠躬基出凡不勝者未有不鞠躬而鞠躬者宛乎如不勝也至轉到如字拍出夫子敬謹之心殊為得肯嘗聿館

第十三冊　卷三十八

如五六十　至禮樂　周錫章

地遞降而治維均、足民者更不忘禮樂焉、夫曰五六十、較六七十而更降矣、乃足民則均堪信、然則禮樂豈竟可忘歟、且下泉作而寤嘆生焉、知渺爾彈丸、未嘗不從凋敝之餘、還念西京軌物也、蓋小國已殊乎次國、而黍苗要自同膏、則治性不後於治生、而芹藻亦當並采、繼曰降而遞下、而資富與能訓正、不妨熟計而兼權已、方六七十、求之承周、其僅在斯乎、頑嘗攷州方千里、七十里之國凡六十、而其餘有禮頒珙璧、並後躬圭、樂賜鞉鼓、將無殊伯爵、則大約五六十者、近是而求竊思之、且夫五六十亦人民之所在、而胥

、、、、頼于為之者也土瘠則民思勞夫不聞有名爨侏儒向魚网而懸
胥者乎則一戰而漸拓地於六七十矣然求無茲遠畧也撫方隅
而蒞此區區何以使報最之書等化成于弗父地臨則民多困久
敏妙
不聞有借食上國同封豕以憑陵者乎則數世而併不止於六七
十矣然求不尚覇圖也攝尺寸而對茲總總固將使凋殘之俗比
學道於武城絃五六十猶是六七十也求將何以為之哉今夫小
二比寓雙承然法于開闔之中貴多
國望治甚殷而規治更備衣食者道德之原故甲楯五千教訓且
少翻斤整匠
不先生聚而况為六七十之巖疆也假使土狭人稀而忽於三年
中牆六七十者而逆課農桑之續則玉粲不悲于渴父亦蒙戎毋

類於施邱有恆產者有恆心求願進伯甸與男邦而均歆豐裕然
學校者井田之繼故草率三十畝教當踵乎務財而況在六七十
之沃壤也今使地僻民隨而不於三年中同六七十者而並開翔
（春花艷嬈）
洽之麻則民富而澤雁無哀仍國小而園桃致嘆厚民生者正民
性求且從重農與貴穀而進想中和夫不有禮樂乎田間有芬飶
而朋酒下上於公堂求每懼其小而隨吳無論燕秦之俗籩豆有
所必嫺即鄴析相闈莒城已惡其遂一披髮以從乎誰謂室奏
盭寧風俗之成書可畧鄉飲有吹笙而鐘鼓不陳於膠庠求更惠
其細而靡故無論曹鄭之風幾兆有所必協即陽民感舊鼓吏從

軍獨不可鳴琴而理乎誰謂時徵化洽絃歌之雅化從刪一如其禮樂當無忘此五六十里而何論六七十哉求也不敏請俟君子矣

神明規矩浸淫卷軸此緣是慧業文心淹荒者何處施其面目

許壽門

如日月之　相害

江蘇李學院月課　元和縣學二名　金和源

聖心有不息之明，而物之並育可按矣。夫日月之代明，一聖心之無息也，則覩萬物於覆載中，寧有相害者耶？且自合明有和而位育可參錯，似覩迭運于聖心者，無事按察焉。于品彙紛然而經綸在察，于衷物一聯象之神，而復散無私庶類者，成形之際為默察而嘖觀，亦可見徑寸有升沉之源，而族類無嬻衄之傷也。同覆載而協四時，則仲尼不獨無或遺之量，抑且無或息之神矣。頓觀大造參功，前時行與物生而終，而參聖衷之消息，久成與久照同符，其作而為萬物之宗者與？則顯而分一心之燭者也。則觀代明于日

月而仲尼之乘六今上下而不息都不又如之我莫必占雲物而
效著明之象乃分寸晷漏測思設虛儀仰形恆之求機而物物之
沖其光濁而曜之觀亦明皆以仲而並深非必捷天宮而沉代禮
之經乃神明可總照從來升降早同明曠之適生而物之微其光
春蒐踰之神亦且與春秋而並凛蓋淮代明如日月故合其序于
四時潮汐有以位天地即下有以育萬物也所以合天地以觀仲
尼永貞之妙非徒協象于重離而神有無適遠遺數而倫於無晦
象之境會旦定而品物有可按之時為德為適爲綿延者何息非貞
明所照運而雖仲尼以觀天地鼓鑄之能豈僅貽宜于品彙而類

可先和日交營宇而敎鎔鈞振辰際日癸而百族旋藏相安相養
蓄變者何在非強育之真機一試觀萬物其並育者曾有相害乎姑
無論麟書獻鳥物之靈者固並育以聯此璘之即明即蠢動之倫
亦若其天而親上親下所以日在房而參斂發歛日短至而伐木
取林保合在太和聯綴茂對者之節宣而共育非感亦無論萍實
商羊物之異者固並育以驗堅學之明膺即尋常之器亦順其性
而無虐無殄所以視日冬夏而斧木可攻數罟懸樂而天鳥可出
性命有各正聯綴輔相者之肅殺而其實愈遜物之並育也共遂
覆載照臨之內復各載聖人不息之明也在仲尼明並日月而化

纖之迭神非備對時育物之仁在萬物賦形天地而淑氣之恭
迎亭第沐日月光華之澤進觀道之旅行不悖而仲尼之大即可
於天地之德見之矣

但從日月照臨萬物作細尚屬易事文獨看清書理上截貼定
聖德下截貼定天地禀經製式應密藻思正如戛玉敲金裁雲
縫月以為胸有錦機非關積卷　謝廷爵

析理則繭絲牛毛織文則天孫鮫女　程藻倫

如水益深如火益熱

民困益甚非所以取國也夫水之深火之熱民已不去矣人從

從上遊字引入下文

益之民豈真無可避哉且吾悲夫避水火者之無所擇而避水而

詞旨悲切

復之于水避火而復之於火是亦以見天下之無往無水火而民情之急有欲如曩日之在水火之中而不得者矣豈乎水有時而不深也則以又有深焉者也火有時而不熱也則以又有熱焉者也水本深但求不益焉而深猶可測也火本熱但求不益焉而熱猶可耀也以但之論而不反也滔滔洞洞孰為狂瀾之砥時時

此比分〻切水

而望拯溺之有人而不料溺人者之亦以拯溺為號也方虞手足

之溺饑焉而臧其頂矣行險蹈窗而輾轉益深誰寔堪之已矣乎
絕望於拯溺之人乎（〇靈〇变〇下二句〇）以燎之方揚而莫止也赫赫炎炎孰畀撲滅（此比句〇〇切火）
也期時時而望救焚之有人而不料焚人者之亦以救焚爲累也
方憂毛髮之焦饑焉（二〇對〇）而剝其膚矣如夢如熏而浸尋益熱誰能堪
此已矣乎絕望於救焚之人乎方其困夫水火而徼於倖也同非
脫我于水火者豈復罹我于水火及再罹焉而益不勝也（近〇下句〇）益自岑
望者之心視之水火不啻有加于前天下何在而非水火而在水、
火之中者仍欲置身于水火之外也方其患夫水火而激乎辭也（情〇真〇語〇痛〇）
同有釋我目前之水火者甘益我以異日之水火豈真計焉而以

為可愛也蓋自失望者之心推之水火自當日甚於後天下何在而非益深益熱之水火而在益深益熱之中者豈猶妄意于不深不熱之地乎然而民情猶冀而之他也

以急語赴其深思刻畫獨至。再容若

全史在胸出于發憤妙在字字與章意相赴。韓慕廬先生

如水益

如水益深如火益熱（上孟）　王錫義

如水益深如火益熱

江蘇督學院科一名
金壇縣學一名　王錫義

虐政之害民滋甚轉計之而愈難堪矣夫水之深火之熱固民所畏也況有其益甚者耶故孟子為齊王轉計之且夫去危殆而就安全者人之情也顧以為安全而就之必其不復有危殆之境以相乘而後可以釋然無慮抑知事機叵測乃即伏於所就之中而難堪之意象早令人轉念焉而不勝驚顧之情也蒸民之避水火特不得已而就於王耳蓋其所避者目中所及見之水火而於目之所未見則姑置為後圖也抑其所避者意中所熟悉之水火而於意之所未悉則尚未能懸揣也水深矣火熱矣使王閥陷溺而

烝之衽席之上傷炎赫而出之焚炙之中固燕民所顒望而不可得也即或聽其淪胥而水之深者自若任其昌熾而火之熱者自如要亦無以加於燕之為虐而其深與熱不過如是止也浸假而亦如不然將見浸淫之患遍於國中而水之潰而不可防者愈以深其沉溺之禍如燬之傷延於黎庶而燎之揚而不可滅者更熱董以聖烈之威旋以水之無定形也有其深者又慮有益深者而不得謂載胥及溺在燕已極於無加以火之無常勢也有其熱者一益有益熱者而不得謂憂心如焚在燕已處其獨甚今且為習以之施而水之後更繼以承亦深之益致其深而豈真懦弱而

易玩一抑且為重離之赫而火之後復繼以火亦熱之中益加之熱而殊覺獨遍之無從存王初不自知為求火而憫燕而撫恩者幾同於始達始然之機乃民則已逆計其深熱而感然有重憂者若顧懷濟水濟火之懼臣故轉念焉而知向之簞燕者必不能安於益深益熱之中而竟莫之避也亦運而已怳云乎哉

後文已在言下

形似之言森竦刻酷篇法一路相生節拍亦復引人入勝

如水益深如火益熱

安徽觀察院歲試　婺源縣學四名　方天玉

有見悲其虐者失燕民之望矣夫不能拯其民而反滋之虐是益深益熱也民其重堪此水火哉昔我寧王之取商也以至仁易不仁而尤恐其仁之弗至澤罔周矣彌懼膏之屯焉光常近矣尤欲明之終焉蓋其被之民有誠有加而無已也乃當暴虐之餘而又易以暴則民命之不堪夫亦甚愆已燕之迎王師也王獨不為其水火計哉一塹隘其可傷矣庶幾引而出之乎易水已屬寒心而澄（典實）渤海之波寧忍復占濡首樵悴其可危矣庶幾來而蘇之乎一炬已蹀焦土而解方揚之患奚堪復嘆燎原觀地中之水而取象于

而則知兵固一水象也一旦風雨驟至而民驚禺沸不以為起諸
工○稚○乃○滿
溝也并不僅隳諸淵是為涉脛而又滅頂矣載胥及溺其何能淑
在○醒○甚○字
乎翻悟向時之汩沒固猶在就淺之際矣慮不戢之焚而取象于
火則知兵又一火房也一旦馳擊而前而民苦相煎不祗謂賴其
之○字○○典○核
尾也并不亟焚其巢是為剝膚而又熏心矣不可撲滅其可嚮邇
乎斯偲敵國之疆界周徧在始燎之微矣則勿謂其弱之可玩也
欲遂濟河之志以成覆舟之[illegible]不日擠之愈下乎觀此湯湯之形
神○行○官○止
不啻滔天之畏矣吾王其能忍斯已哉而斯民亦何忍重遭此蕩
析也則尤患其烈之可畏也不為然薪之謀而還驗風之勢不且

因之愈熾乎覩此災之慘不啻玉石之傷矣吾王其弗念斯民哉而斯民則彌愈復遘此酷毒也嗚呼險阻亦平而奠載方惟胥以沉厓餤未除而攸灼者叙弗其絕是溺于水者而益之深也是炙手火者而益之熱也王誠如是則無以慰燕民之望其能禁民之迎師者不轉而他屬哉

工雅宜人。梅愷朋

鋑金錯采。盡態極妍。在此類題正需以雕琢為工。龔欣書

意必雙關。詞必典雅。人巧極天工錯。宋銀龕

如水益深 二句

江南鄭宗師歲覆
含山縣學一名 唐冠賢

以暴易暴避者大失所望矣蓋惟深與熱之可畏也斯避之恐不速耳如其益之暴焉燕民何以堪此且望救之民每易于見恩損（以損）（字觀益字用趁字恰合）其疾斯滿有喜焉第豁從來減已覺異舊而感多而待救之民久不堪重困當用而事斯大可觀焉猶未免阽危豈是圖新之始願然則避水火而來者宜思所以善處之矣（翻深字及逼乃蘇得出如字）易水之橫流已極若昏墊者思就其淺焉起沉溺而濟溺之餘不斷之淵自有就燥之樂（翻熱字）矣窮臺之毒燄既張熾熾揚者真誅能救乎燎燄熾而撲滅之熄（二如字緊）方揚之勢無慮不戢之焚矣而如曰元英之陳磨室之守吾所利

者此耳錄有寒泉其例命爲薊北之植督亢之圖吾所爭者此耳

原評虛引以合澠水火字

不必以古文水火是黽字語脈

燧有續薪其何從爲不竭其源也而反遏其流是脫籍故臣而又

歸諸國不藏其炬也而乃從之鼻是補齮哥燼而旋值燧人及溺

原評縱揣明晶字較前又

之傷宛然在目乃拔諸水而仍置諸水于燕爲竭澤于齊且爲巨

惑一生深字然字已到

浸矣于燕爲細流于齊且爲江河矣表東海者與吾民其望洋乎

如燃之痛不勝切膚乃出諸火而仍納諸火于燕爲爨之爆于齊

且爲闊之炎矣于燕爲燼之燃于齊且爲原之燎矣待舉火者至

典切

吾屬其俱焚乎向猶察案而濡足今則滅涉而滅頂入于炎窟已

臨重險之中向也熇熄止于炙乎今則膚焚至于燕心不可嚮邇

沸何相煎之急。夫潤萬物者莫潤乎水。而此非陰雨之膏。燥萬物者。莫熯乎火。而此為沸湯之虐。非敢玩也。（亦切）第望而畏焉。我沾濡靡所底止。既若滅而若沒。彼灼者欽其弗絕。又如灸而如燔。誤亦甚（總下句）矣。夫奚堪再乎。（仍扣益深）如水益深。如火益熱。彼迎王者。安能惡溼而居下。執熱而不以濯哉。行見避燕之民。且轉而避齊矣。

繪水繪火不難。須照上文。乃接切得益字。無不隔斷下句。徒賞其才調之富。如火然泉達。未免絕其源。收其燼也。　汪自牧

雅飭宜人。卻不同濫槩家數。每誦一通。輒如王平子聞衛玠言。嘆息絕倒。　汪靜山

第十三冊　卷三十八

如火益熱

孫乾生

火烈十所避之地殊非望救之心矣夫燕民畏火之熱故望救于齊耳奈何如火益熱耶其焉以堪也嘗讀周南汝墳之篇曰王室如燬則知酷烈之甚未有若商季者也然頹尾之咏亦興而孔邇之思實切嚮邇者猶相與忘焉不然將撲滅無從有不傷禍之更熾者乎如水益深已非燕民避之之意矣矧不止此哉感之極而望夫息也民之情也迨惠之未被而愈肆夫威焉則滅頂者復有焚身之懼矣暴之至而思夫仁也民之願也至仁之未施而更增其暴焉則臨深者復有燎原之慨矣其如火益熱乎民至柔而彼以剛克之其勢已難

炎矣況更益之以剛也夫行間之萑蘆本爲于喻之驅除是避火者原欲離于澤而奈何不發之萑廬之中而轉厝之積薪之上乎回視向之如焚如燎者殆猶未若是之殘忍已（猛○擲○甚○字）政務寬而彼以猛制之民生已日感矣況更益之以猛也夫老弱之郊迎本爲于之〻暴虐是避火者原求遠于熱而奈何不萃其煩苛之害而轉置之烈燄之中乎回視向之火烈具舉者殆猶未若茲之慘毒已嘗聞政之苛也有甚之于虎者而未聞甚之于火夫甚于火則有莫遏之机矣烈〻乎新王之氣焰更甚于故主之摧殘則道左之逢迎有不悔其多事者（更○妙）乎又聞政之烈也有比之于火者而未聞益之以火夫益以火則有

愈酷之傷矣赫赫然渤海之炎威更甚于燕山之猛烈則五旬之卓
甲有不傷其徒勞者乎蓋以仁易暴則易于見德以亂易亂尤易于
生亂亦運而已矣王何不惻然動念耶
無他近时只是切題中林華堂原評云爾得之

如火益 孫

明清科考墨卷集

第十三冊　卷三十八

如必自為

粤秀書院課上取　蔡拱宸

為必出於自大略　如為轉計焉夫天下事豈能獨為者為而曰自此誠未可必者也孟子故為轉計之意謂子以厲民自養薄滕君子將以為人所自有者必人之所當自為者矣不知人有當為之事人不盡必為之事人即有必為之事人究無必自為之事使謂當為者貴從自為則必為之責綦重而自為之說可伸矣不然一人之身而百工之事備夫曰備非人所不能自為者哉使果其不自為也則是給求雖切而通工易事早已流為類而呈交質之功其會衆人而並著其為者初未嘗責一人以獨任其為也此何必皇然於其為也使果其不自為也則是品

類雖紛而按候呈功早已統庶務而集衆長之益其萃衆人而並盡其為者初未嘗專一人以獨總其為也此亦何庸深慮其為也乃由子耕且為之說推之是自為也是為而必出於自也夫為也而果能必出於自哉必謂幾務未可躬親則豪傑發奮自雄豈必無有志竟成之事不知專一端而足以竟成者合萬端而究難獨成也知必統萬端而並以相繩則此心尚煩顧慮矣必謂技藝斷難獨擅則賢智敏皇自勵豈必無勝任愉快之端　知祗一藝而可以勝任者統衆藝而究難獨任也如必舉衆矣　而概以相責則此中猶待躊躇矣是非欲人自謝其為而於子所必者外而視也彼蒼之誕降無憑萬一陶鑄有靈俾人人百倍其神智則子自為之說安知不因此而操必勝之權而

不然者吾且於兼營廣騖之餘舉所謂必自為者尋而計之是非欲人自弛其為而於子所必者想而置也人世之機謀百出萬一以除有術使人人無待於學求則子自為之說安知不固此而具必然之勢而不然者吾且於智盡能索之際即所謂必自為者實而徵之必自為而後用則人力窮矣子亦審於義焉可矣

筆意清雄犇犇適上其運意之沈摯出筆之高超足見識力兼到

第十三冊　卷三十八

如必自為而後用之

腴快集　顏以湘

用必出於自為不妨姑如其說也夫身之所用實繁未必皆出於自為也然如許子並耕之說不將如此而後可乎且以待用者之不少也而用之者日見其多然正惟用之者之多也而待用者愈不容或少蓋功難並奏分而制始可合而呈器必交資一其身斷難兼其用豈曰非吾所有則一毫勿取乎然如其並耕之說按之何妨極其勢之所必至也如一人之身百工之所為備是一人用之豈皆一人為之者哉夫以用之之宜備也飲食衣裳原為一日不可或無之事而推其為之之始則尺布斗粟不少經營是身所需者不僅一物明矣不僅一物而後知為之者不可以一已兼也

且以用之必藉乎工也釜甑器械原為人生所不可少之需而究
其為之之時則為冶為陶必須眾力是身所求者以多為貴明矣
以多為貴而後知為之者不容以身親並也如不容以一己兼者
而竟自予兼匪直曰草野勤率作也而兼而營之無論夫貴賤尊
卑之等一概自謀其朝夕而不必因人如不容以身親並者而竟
自予並匪直曰餘羨莫相濟也而統而理之若並省夫通工易事
之煩纖悉自致其躬親而無庸外假令所用者不必其多則取諸
宮者自足何必為交易之煩而待人為而後用者愚也而不謂所
用不能或少也夫粵鎛燕函異地不乏借材之用鳧鐘㮚鬴專家
亦擅一物之良如用而必自為則一陶不供百室之需而用患寡
百工不取相濟之利而用轉患多也抑令所用者隨地而存則取

諸己者常充也何必為外營之計而俟人為而後用者惑也而不謂所用究難自備也夫捆屨織席各挾所有以相資鑿井耕田各具偏長以交濟如用而必自為則以百工備一人之用而用嫌其同以一己供一己之需而用乃矜其獨也即謂沽酒市脯或恐不潔之傷人則時而自為者有之而要惟中饋之藏以之待不時之需則可矣而如必自為而後用也於以省貿易之勞其為計則得矣苟或責備求全尚虞器用之有缺則參以自為者有之而要惟家中之務在己畧為增益則可矣而如必自為而後用也第懸為嘗試也而其效可覩矣是率天下而路也而謂並耕可乎

○○○如有能伸之者　李繼貞

推愛指者之情而設為當其情者焉夫能伸指者不足誇也而以聞於屈指者則其情可想矣且天下多有患小而情深與術小而須追者何也疾出於兼愛而用祈於當急也如今之指屈者彼豈須臾忘信哉一能而止耳如世有懸想人間再出之患而謂天下得無有屈指者乎乃操能伸之業以備方術之數也妄希生人萬一之需而謂天下得無有思伸者乎乃挾能信之技以俟不時之求也夫非有神於人之疾痛而抱此藝以處其於術也不亦躁乎非有數於人之害事而預謀道以待其手用也不亦緩乎然指亦血脈之融及也世無不愛其指者而亟以能伸聞是亦能推尺寸之膚者也有此全能可以不擇地而處矣屈亦

一比用反法形題意○李

一比用正法照題反題○則正意

皇明小題李秋集　七十　萬曆癸丑　刪綠居選

思愈尖思生生不斷

陰陽之傴僂也。世無不惜其屈者，而茲以能俯閉，是亦能解痿痺之一者也。有此長技，可以安坐而馳聲矣。彼以天刑之，此以人益之，豈淺術也。我即不適當于天下，而不可謂無當於屈指之一人也。彼犯患與人異，此抱術與人亦異，豈偶然也哉。即不求售于若人，而不有謂若人之能傲彼以不資也。想彼屈者，豈無不甘之嘆，而曰天下遂莫有能伸之者乎。今且以是試往諭之乎。又寧無意外之想，而曰天下得無有能伸之者乎。今且以是試令聞之乎。吾揣其欣赴而欲就也，當何如輕盈欲舞。

總　太質。若就題講題，轉寒矣。從屈指一人，摹情寫意，自然與題不逼，而妙緒相生，真名手也。吴雨來

如有能信　之路

山東彭學院歲一人李從周
茌平縣學第三

急欲指之信者初無憚于遠矣夫一指之信所能者亦僅在一指耳秦楚不遠何其重視此指哉且夫人近者相聚而為羣擇其能者而聽命焉然使其人果有異能乎即垂蘭百金亦奚足惜不謂今之欲纂而向往者其細已甚也如指之不信已非疾痛害事矣

懸言不若人　送秦楚　反撲求不遠

天下固有須臾難緩之務而視同秦越則亦漠然其不相關況乎

更臾無名之指

有利害切身之情而事等枝駢何必殷然其繫于念審如是亦安問能信之者之有與無哉然人一念之不釋則欲益為之不寧將

蔡成如字　有字蔡着

見靈擬一能信之者而情已飽焉而神已往焉即終身未遇其人

而悁〻心目或且寢寐見之矣抑當結想之既深則人亦可以獨

已領起次句意

造遂若真有一能信之者而旦暮可即而咫尺可通即遇其人而

筆系飛動

終不我信而耿〻乎懷猶謂吾將試之矣推其情方以世無能信

無字落看

者吾姑待焉如其有之欲稍需焉而不得且世無能信者吾亦已

明點

耳如其有之將欲靡焉而不能故無論其邇也並而近字過從同

襯句妙　開

不容輕失于交臂之人矣問其遠也縱使望塵莫及亦寧辭道里之

勝法妙　合

饑長則雖秦楚之路乎我知其不以為遠矣非必詢其名居即不

緊接則字　不遠二字落看

憚千里之駕而其情深于一往則身未至而意已先覺目中有秦

秦楚已落看

楚意中戕無秦楚也非必跂予望遠遂可邀忽然之來而縈念如

在目前則貌未覩而神已接覺意中秦楚之路可以朝秦而目中不遠之路直可朝秦而暮楚也尊壹之至鬼神可通秦楚則

（妙天然巧句）

非絕人之境孰意其景行〻止勞〻者惟慕此一指之伸直飢渴之

（而抱能信）

殷羨墻可見秦楚則非杳渺之鄉特恐其問道末由茫〻者亦且

（齊與不知）

嗣岐路之歎何也其所知者特指不若人已耳

（熟路寫出圓妙）

標旨于鮮濯技于秀流行所至列子御風　榮象坤

上下截發而神氣貫注不斷浩瀚者其拔飛揚者其勢雅雋者其辭翩然獨出浣盡塵容　黃孝存

思致清雋飄然不群開府參軍仍當相許　徐宗海

如有能信之者　　黃汝翼

設一能信之人若深與其有焉夫不信而求信非能者莫屬也如其有之豈以無名指而忽諸且甚哉人固有能有不能也顧人能而我亦能之則無之不足憂我不能而人僅能之則有之深足幸故夫體屬至微而爲患甚小嘗亦無間人之能不能而具挽回之（安放恰在鬧中）術者已不啻耳而目之謂夫能事之自有專屬也彼無名指之屈而不信豈疾痛害事哉孳孳致敬此指未嘗不與其列雖不信庸何傷然而阻則抑何如通則舒也意者其信之亦指掌以示此指（落字學然）亦且得厠其旁即不信又奚病然而歉于己何如拯於人也誰實

能信之乎夫窮于信者既久雖我欲信之而願不克償也當不禁扼腕而滋戚即期其行若誠切或人欲信之而愛莫能助也亦不過袖手而旁觀何也能信之者固自有人耳凡人當計無復之、、下徃〻虛擬一人以自寬夫豈乏能者而一屈遂不復信也于是神為之注意為之凝不必問其姓氏定其里居以為此盧扁之技也而意中已早有是人焉抑人當屬望孔殷之餘徃〻實有其人以相慰夫誠得能者而一信可不復屈也于是業無不彰效無不著一若核其姓氏察其里居僉曰此和緩之術也而目中遂儼有是人焉夫信之亦刻不容緩耳倘我懸其事以有待而相需殷者

（先將下五字坐實以下虛為如字取勢）

（坐際摸拿全神俱動）

（既虛之二意妙）

（股意一綫穿成）

捐遏終諫將遂任指之偏屈乎然而天下事固有一心遇之而反失無意離之而反得者矣故指之能信也僅屬尋常而特苦諸藥（加字乃活現）有二然之數且信之亦權自人操耳倘彼秘其術以自珍而求之急者應之偏緩其能適人之我信乎然而天下事固有素不相值則若聯絡然逢之則如故者矣故能信之有人也其細已甚而不勝其大喜過望之情當夫未屈之先人于我乎何關我于人乎何（刻有滲射不振流猜如）賴繼曰能之而實無與能追其求信之際失是人則多憾得是人則奏功亦既有之而豈埒無有如有能信之者秦楚雖遠欲自甘于指不若人也必不然矣

虛窠墨文選

本文坐得實接下則字直如游魚唧餌而出律細機流匠心然

運

百卅

下 孟

如有能信之者

江蘇張學院科入 震澤縣學十名 黃汝翼

設一能信之人若深冀其有焉夫不信而求信非能者莫屬也如其有之豈以無名指而忽諸且甚哉人固有能有不能也頑人能而我亦能之則無之不足憂我不能而人獨能之則有之深足柰故夫獸蔚至微而為患甚小當亦無問人之能不能而共挽回之叄云安放恰在本中術者已不啻耳而目之謂夫能事之自有專屬也彼無名指之濕而不信豈爽痛害事哉攣拳致歎此指未嘗不與其列雖不信庸何傷然而阻則抑何如運則舒也意者其信之乎指掌以示此指旅子然、然、亦且得廁其旁即不信又奚病然而歎于已何如拯于人也誰寛能信之乎夫窮于信者既久雖我欲信之而猶不克償也當不禁撫腕而滋戾即期其信者誠切或人欲信之而爰莫能助也亦不過袖手而旁觀何也能信之者固自有人耳凡人當計無復之

先接下互字突以下專為如字取勢

上下往往虛擬一人以自寬夫豈乏能者而一歷遂不復信也于是

空際盤拿全神俱動

神為之注意為之凝不必問其姓氏定其里居以為此盧扁之技也而意中已早有是人焉抑人當屬想孔殷之餘往往寔有其人

虛實二字高妙

緒如環

以相慰夫誠得能者而一信可不復屈也于是業無不彰效無不著一若核其姓氏察其里居僉曰此和緩之術也而日中遂儼有

股意一線穿成

是人焉夫信之亦刻不容緩耳倘我趣其事以有待而相需殷者

相遇終殊特遂住指之偏屈乎然而天下事固有〻心遇之而反

失興意遺之而反得者矣故指之能信也僅屬尋常而特等諸萬

如字活現

有一然之數且信之亦權自人操耳倘彼秘其術以自珍而求之

急者應之偏緩其能迫人之兆信乎然而天下事固有素不相值

則其勝符然逢之則如啟者矣故能信之有人也其細已甚而不

勝其大喜覘望之情當夫未感之先人于我乎何關我于人乎何

妙有激射不獨流轉如光

顧識曰能之而寔顯異能迫其求信之際見是人則多感得是人

則奏功亦既有之而豈等無有一如有能信之之者秦楚雖遠欲自甘

于指不若人也必不然矣

手寫本句。不與下句隔斷。神理獨得。原評

妙與下則字有椒鑿相應之勢。如字越提得空。者字越坐得足

相摩相盪。并遠脉亦關飛動。

黃

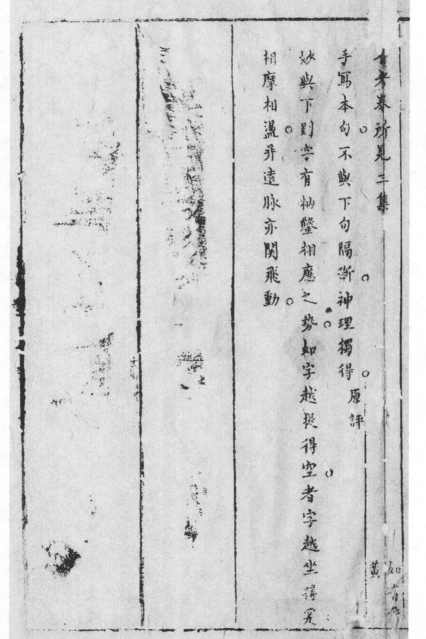

如有能信之者

神吻 盧瑢 鈔對

科入浦城縣學二名 童作霖

指欲求信因於能信者望其有焉夫信指之人未必即有也而在欲信之者得不望其有乎且人苟非意所急求則雖擅其能於日前亦已置其有於度外矣若乃以不必能之術而忽著其能則以未必有之人而頓形其有不料天下固有精其技於人世不相需之地而適遇賞音也指屈不信既非害事則亦不必信之可耳凡屈與害常相因不相因者不妨姑置也而乃有不忍置者一念撫摩皇然思信之者焉一指與事常相繫不甚繫者無容補救也而乃有迫欲救者一朝惻怛又殷然思能信之者焉獨是欲信之願亦

闈中校士錄

已能信之術在人安見其必有哉事必為己之所能則隨在可以致力焉斷于獨不必求於衆也能屬之人安得即分其有乎而若人不計也以為能在己固可自效能在人亦可共濟而寤寐中隱懸一能信之人謂世有是人不且快吾指之旋轉乎曰有之竟有之矣抑事或為人所共能則隨地可以相質蓋公諸人不必私諸己也能有於人侈弗秘其有乎而若人不計也以為我能而人亦能未足為貴人能而我未能轉覺可恥而朝夕間設想一能信之技謂世有是能亦可助吾指之取攜也曰有之且恐其無之[illegible]孫古劍診視之書不詳信指之法彼夫脉泰消息知順逆於陰陽之

蠢戕微斷吉凶於邪正以是為能是則真能也而茲若於今人所未備者別著其長而不得置之何有何無之數後世習岐黃之學不傳信指之方彼夫良穎醫緩膏肓識夢豎之妖神號醫和淫溺游四蠡之象以是云能又不可不能也而茲若於今人所未工者獨操其妙而直等諸絕無僅有之奇秦楚雖遠何憚而不求哉

每於騰空處用激射法惟燈匣劍鋒影在隱約間

○○○如有能信　人也

江西王宗師歲
考盧陵二名　劉逵奇

長伸之切者、若自有所為焉、夫指而能伸則秦楚不遠、圖無弗所為也、然所為乃在指耳、且人情莫不畏難、今而知其求嘗畏難也、○原○評○善○于○銷○取○題○之○汁○人情莫不憚勞、今而知其並不憚勞也、世苟有所困而中得紓其○衆○評○鬱則雖難且勞、夫孰從而抑之、如所屈之指、非疾痛害事也、然而○逆○挈○出○勢、不若人矣、不若人而豈甘于不若人乎、不甘之而竟不甞其甘之者、要非其本懷也、欲伸之而未能也、不若人而真聽其不若人乎、○改○草○則○清○能○字○有○字○孔　洌○如○字○則○字○非聽之、○警○策而似終焉其聽之者、要亦雖暫緩也、以能伸之者未有也、○刪○改○有○秦○楚○兩○字○龍○心○字　又為不遠二向使指之屈者在吾身、而伸之、能即具于吾身、則無俟借資于人而直可取懷于己其渝快何如而奚必遠求哉無如指圖限于形器不能勉以功修則不得不外求夫能仲之者而特慮其來有也吁嗟乎夫安得有能仲之者乎而設有難而告者以吾聞縱南渭陽之間有異人焉予胡不造請耶奚有于一指又有趙而前者曰何翅乎是浮瀟湘歷雲夢食脩徉々不足也雖然秦楚之為路遠矣道阻且長而裹糧攜囊以從之毋乃迂甚而求仲者曰吾之吾固衛所為也吁亦思其所為者何居焉將自夫當其身言之豈不以吾之負願者久矣夫庭廣衆之間多不堪于揣頗秦然趨然吾得抗顏于人世者在此行也則行矣以來焉不可已者蓋為

原評：此順題斜取題神

指之不知入也若將自夫從旁觀者視之則且訝彼之求伸也異其當脉功近之處寧遠無可指摘秦耶楚耶將徒勞而無所聞者在此舉也則人世之内目所未睹者乃為指之不若人也然特患無能伸之者耳如有能伸之者則不遠秦楚之路接之當令變之人情其不若人而欲求若人之令大抵皆然也何則猶知惡之也

點心字仍從指字點綴

題字箇箇欲飛只在善于取勢　京評

勢不蓄則不緊神不挑則不醒停蓄挑剔間具有龍跳虎卧之趣斯文得之　費聿脩

第十三册　卷三十八

如有能信　若人

二名　劉雲華

有以信夫指者則其不若可得援也夫一指之乃見責其信則即指之在人其不若不有可攀援者乎且人即至愚來有甘居人下而不欲伸於萬物之上者乃有以此兩之宜愧而不憚多方以相求吾不聞其事之無所戒而能之無可借乃其戲兩之質則同未有人焉還而叩之也如指之屈而不信之未足為害也誰以原無能信之者故亦不見其獨不若人而轉深人之慨想也雖然人情好異故必極吾意之所求而後斯世之變態可觀能事何常款必歷勞時之好尚而後斯之大概可觀則如有能信之者無其

於彼者畢居其優乃在我者獨見其絀自揣宮骸畢具而一端之
宜禎不臺亦為天地之要形矣豈無藥石何不可以砭其瘵在人
苟視厥其優即在我者當不至於終絀自顧形質龐然而片体之
偶同匠器亦屬生人之大憾矣韋有良醫何不可以起其病則雖
遠如秦楚亦有所不辭者是何為哉為指之不若人也意夫一指
耳而王公重頭如是哉人莫不樂后其名乃因其指而不悼勞瘁即
使指瘦無恙未必差強乎人意人亦不樂爭夫勝乃因其指而不
背或慊即使指擊如意亦未見遊戲乎人群吾於是即不若之指
以擬夫求信之情因即其欲信之情以還想夫不若之方從斯摭

致辨於際而較短絜長其不若者亦自燦然而森吉所獨念指之所指是徃而不容得夫大意惜無為採始類以然相訂也御其見之所獨是而即順其意之所素則何必不姑存一說以坐擬議即很惟況痒之餘而窮形極相其不若者亦正引伸而不窮所獨念指之不若或應識此中之尚有餘蘊則無庸舞李忘以別求例也聊揭以衆甚之觀而徐俟夫流連之緻又何必不代籌其數以轉相究圖失亦同奠不知惡無據乎求信者之多而何竟遺夫心也知類者固如是哉

處處闡析下意卻祇藉在題中風流蘊藉氷雪聰明　徐敬軒

如好好色

月課鰲峯書院一等一名郭可敬

復專其意於好善其戒欺也切矣夫善本當好特莫必其出於誠耳以好色之意好之尚有自欺其好者乎且夫人善念之萌固宜與善端之挾浹洽於無間者也而欲極浹洽之致則必取人生所

（一折便醒）

最嗜者以互絜其淺深蓋擇善之功非格致者不能辨而求善之

（忽以好色為懸喬正如此）

切與不切則有情之類皆能自驗而知之彼蒸民秉彝之好固可即大欲所存徵證其端也誠意在乎戒欺夫既不寬於惡惡已好善復何如而可者非幾當冒貢之始但一嚴於擯絕應無不滌之腥聞好善則緒引彌長將何以心寫心藏始見鍾情之特摯匪彝

福建試牘

值偶即之初弟不受其遷移當無弗蠲之垢濁好善則功期相赴
將何以予求予取乃堪獨據以稱珍不篤於求念斯適焉不急於
獲端斯隱焉此非尋常歆羨之意所能泛為比擬也其如好好色
（撲○題○醒○快○）
乎懿美本緣於自具寧待鑒群情之欣艷而始致精專願乍與念
擇以求之旋且淡泊而置之趣之不永所好能無矯飾乎吾觀人
（好○好○色○三○字○寫○得○雅○飭○）（知○字○）
情於情欲之感時或撫一莫一管而不勝悅懌女美之思使準此
（寫○得○融○洽○）
而曰萬不忽則物則民彝直等乎娛耳悅目之數將不索胡獲斷
不使優游縱弛稍參篤嗜之衷矣理義自足以悅心詎必擬眷戀
之常情而乃徵懇切願始則浮而慕之繼且習而厭之過焉不留

所好安能刻摯乎吾觀人情於燕昵之私每不辭尔卜尔筮以申其来即我謀之願使體此而繫懷不置俾賢關聖域直同於室邇人遠之思則急起直追自不憚往復徘徊備極勤劬之況矣蓋情不極乎纏綿之至將意之向善也不切即善之愜意也無多惟志一神凝纖行也而等諸冶容之誨舉人世所為輾轉反側以相求者全神宛載以俱傳則聖賢之路不妨例以世俗之心當其一往情深幾不勝若即若離之想念不結為眷注之深則善雖美不勝收意且愛而能割帷殫精極慮令德也而例諸彼美之懷舉恒情所涉笑言欣戚以相從者矢懷亦同其不貳則愛理之專不必遜

於悅容之摯尚（炙轂史紫）令莫酬始願應不乏欲歌欲泣之思好善之誠又如此戒欺者不且有自謙之一候乎

此二句是傳者喫緊指點正從最粗淺處示引路頭若忍題面猥褻但泛講好善不可不誠仍是毋自欺句甲裡話非題意矣此作切實發揮又何嘗不蘊藉深至

郭可敬

如好好色

月課藿峯書院一等二名　趙士泉

好極其誠好無所欺矣夫所好不誠是自欺其好矣如好好色好
猶有餘量爲否且吾所謂毋自欺者非強人以所本無之事也蓋
人生莫不有共秉之彝即莫不有同然之嗜凡以仁義中正之良
得之最初契之亦必最切苟有所好固未能舍此而之他也而或入
脉奇矯然是小講先已理清頭緒故不覺其冗
曰好色爲甚蓋自天降下民既賦之理以成性即賦之氣以成形
而恍衆之端遂不以心而以迹由是人感於物在內者則棄爲如
遺在外者則趨之若鶩而真機之動遂不言意而言情嗟乎自好
折落又奇矯
色之心勝而求善之功微矣然人而不善用好色之心也人而善

用好色之心則求善之功卽可於此推之生人大共之經萬不敢
謂於我無關而夷然不屑第恐始焉以為可好忽焉又以為不甚
可好是陽與依而陰實與遁矣好之誠者神以久而彌貞當其含
意未申幾莫喻中懷之綿邈而窮形盡相直可取古聖之瑟琴鐘
寫題面警切之至亦藴藉之至
鼓為神明摹藏寫之真此猶有偶爾遺忘致嘆消沉於寤寐者乎
是格致後事節次分明　知字醒豁
蓋自識所依歸以後悅慕者亦幾幾形神之俱瘁也夫必如是而
所好乃為可久也已上帝降衷之理亦明知其與吾甚切而毅然
此語痛切理學之病
以求第恐始焉以為當好忽焉又以為不得不好是名與合而實
乃與離矣好之誠者心以安而常在當其失懷如渴幾莫名寄託

之遥深而目想神遊直可借風人之贈芍采蘭為夙夜表懿勤之象此寧有一毫勉強致呈枸苦之情形者乎蓋自志有定向以来領取者亦幾幾才力之俱窮也夫必如是而所好乃為能安焉已性真結契之緣本自大公而無我好色則私情焉耳然其不同者精粗之迹其不異者凝一之神所以夫婦之知能何關性術而研

二比圓湛精警即繳入脉小比意亦完密

慮悅心之際正可罕譬而喻以曲明其真意之所將理道精微之處原與有生而俱来好色祗後起者耳然其岐而二之者先後之殊其比而同之者精專之致則雖聖賢之學問首重制私而凝神注意之餘不妨等量而觀以靜驗其天機之所發甚矣毋自欺者

福建試牘

之不以如惡惡臭而遂已也。而自謙於是乎在矣。

前幅夭矯離奇後幅沉摯警動雖才氣縱橫而非同泛駕之馬

故爲佳構

如其禮樂　吾與點也　上下

通乎賢者之所俟可以得聖人之所與矣夫一禮樂也求俟之亦
學之而點以無心得之子不與點而誰與乎且學莫尚于行叢之
無意於題如字：題中命脈
一而治莫隆于禮樂之典是故聖人無日不志大道之行而其考
禮定樂所欲建中和之極而語諸其徒者乃蕭然在陋巷中之外
此不聞他屬蓋其難也一日者諸賢言志點適鼓瑟求乃繼由以
足民對固不知于夫子之意所如而求且益遜其辭曰如其禮樂
以俟君子若此者豈惟有鑒于由之見哂而謙謝未遑歟抑自量
者明而所俟者遠也古者大人舉禮樂則天地為昭萬物咸若故

小題□集□□集　下　論語　學源堂□

閒字纖帶
雖秩宗教胄亦有專官而德盛化神太和翔洽必有自焉不容誣
也求之所俟將在斯乎已而問赤曰不能曰願學君子固不敢居
志宗廟志會同小相猶嫌自任此亦足以見禮樂之事赤自優之
老筆
而何夫子皆點無言也嘆乎士各有志苦由若求若赤二子之撰
也撥
將毋同一維時點從鼓瑟方希從容承問予故心乎異之聽其點
前後大含細分成此際而元氣淋漓
真異甚蓋宇宙自然之則流動非窮經緯而成人我各得之情懷
此等人□得
固惟所取爲而后點乎此春風沂水中良辰勝地即事可欣少長
妙神來
雍雍詠歎互答回思知爾之問于撰何居然而夫子且喟然曰吾
與點也明乎此者求之所俟方日用而不知赤之所學亦

若先後假步驅徐轍中庸之庭而造于其室禮樂之興是亦

任哉乎以顏氏子之所以陋巷蕭然而聖心之所為相視莫逆

也。

一眼注定為國以禮起筆自然成一片至其骨法之蒼嚴氣韻

之古厚真得先民三昧矣　秦龍光

風神綿邈格局深深蕭然如葉脫木悠然如水赴谷　周大生

通身為嘿然一嘆傳神　茶林

落落抒寫大意而首尾位置天然三點題剔現以神遇而不以

目視　尹身中

如其禮樂　合下節　　陳　鳴

兩賢相尚以謙而禮樂之意得矣蓋斯須不可去者禮樂也乃併君子者其情殷學小相者其詞婉求與亦不誠謙而彌光哉止吾儒將以潤色鴻業黼黻休明要惟得中和之意者乃可以言經術故非必兼而綜也因人成事者不匿其所短亦非敢大而夸也肆業及之者不炫其所長一堂酬對問而讓沖之氣溢於外知其陶淑之養蘊於中抑何矜平而躁釋也哉何則聖人之門固彬彬乎禮樂之材也其原起於脩情節性之地而兵事兼乎理明治洽之備則非亦以化民成俗者固宜黽勉從事以宏此遠謨者也此足

民之求所以悠然而有餘思於禮樂也厚生繼以正德士者所以處厥功而求則謝不敏也小國無貧寡之憂而富庶多子弟之過化之裁之敢謂製錦而可成士猶進以心滅奕世所以安其教而求則遜求皇也瘠土之民猶向義而沃土之民多不材鼓之舞之敢謂鳴琴而可理此求所以不能不俟諸君子哉然而五玉三帛其文也六律八音其數也進顯蒙而陳之彼且啞然笑耳杏壇親象之餘豈其審度考聲遂分宮牆之美害權是抑然自下者禮之實也藹然可挹者絲之情也挾觴謙以將之卿已覷其通乎講春容之下方將比肩拱手幸藉同列之榮寵一行予亦禮樂

虞評跌宕遒異恒采　穠紅淡綠彩彩　文甯

君子也。儀之非其人哉。儀之而宗廟得其人乎。夙昔秉（旁。詩。雲。氣。戎。飛。能。）
委蛇而應賓客者明而事人猶不可幽而事鬼乎惟有禮以
其規則絲衣而駿奔在廟較之椒馨烝畀而加虔儀之而會同有（徊。風。舞。雩。）
其選矣曩者使霽之役有雍容而通風好者下交無瀆復何致上
交而諂乎惟有禮樂以修其典則亦第而利用賓上視諸觶兕跡。
堂而倍肅是則宗廟會同固亦所能之而無藉於學者也乃猶以（旁。竹。雨。變。春。容。）
願學未能對者曷故此其旨可參觀而得而其情則互證乃明豈
必因循苟且以巧為藏身之計以問先者已引其端轉覺運事者（發。拔。千。尋。眼。光。四。射。）（旁。平。抑。揚。宛。轉。莫。隙。）
難越其矩此正無聲無臭之醞釀早入於齋寮以會其微而歆然

抱歉倆題綸藉之宏深萬物激昂慷慨以發其獨抱之奇而華國者已嫺於大雅轉若相儀孝假域於小成此正不爭不怨之薰濡
○秦巳○命之○胛○井○匠○大○汜
早決於精神以求其趣而涵泳既深自覺情詞之婉轉亦誠不虛求之所俟矣彼冉氏之了亦豈遽遜於端章甫之小相哉易曰謙謙君子界以自牧而賢有焉
夯○討○頒○

鍊局鎔神擊虛避實掃塵霧炙翅萬斛許侯司露

卯其

陳

如惡惡臭

潘安禮

極去惡之誠無弗去者也夫惡至惡臭當無弗去者矣極無欺之意不有若斯之惡者乎且意本無欺也自意有所容而欺乘焉則誠意當自去惡始顧從之惡之萌乎顯者去之必加惡之伏于隱者去而假留與無欺之惡所以難也何則知德本明而務潔焉乃潔之念猶與汚之念不敵夫不敵則猶縱之也知德本無不明而務濯之乃濯之念猶有垢之念相敵夫相敵則尚貸之也必也刻繩之下無弗祛也亦無邪淨戰勝之功莫之窮也亦莫之禦殆如惡惡臭者然其惡之也不待轉念也夫惡臭當前豈俟徐而戒之哉可惡之情與惡之

初學齋藁　大學

之志應時而集蓋氣未親之神光治之迹則惡未來而懍之者且若
將兇爲而當境猶有容其實偏者乎誠于惡者其然乎且其惡之不
愛留餘也夫惡臭相染寧甘少焉遺之哉惡之々情與宜惡之量相
（尽去一意）
迹而竟蓋形偶涉之加必窮之也纖惡已去而惕々者猶恐未盡焉
而寡念復有怨其潛種者乎無欺于惡者庶幾乎盡天下惟惡臭之
（照下自暢）
來不必存醜之者而後不肯匿藏也一有乘焉則必洗滌無遺矣誠
意者惡本為己則己中之懲創真若有塗炭之恐乎夢寐而無迹之
（須清如字）
惡與有迹之惡其體自含係不必有告之者而乃覺其不堪也一或
嘗之自爾踈踏難容矣無欺者惡深于色則自中之齊除真若有腥

間之愈于隱微而洗心之抵與瀹汙之義其用無爽無欺之學此其一端矣

如此方是決去方是自慊方是誠意〻〻劉入而筆迅利有功傳註之人

如惡〻　潘

好人之所　一節　　方懋祿　名三十

違衆者不能庇身則好惡宜協乎公矣蓋所好所惡之在人即其
性也拂其性而□□□之不仁者奈何弗戒歟且王者以一人托
千萬人之上意謂千萬人之向背一人可以獨斷之不知一人之
予奪千萬人莫不決諸之也彼其心措置操之直道而余非將背
而馳焉徇一念之私而苟且大乖乎輿論必致搆群心之纍而咎
仍畢集于渺躬爾彼命與過者曉不若仁人之能公好惡矣倫類
何以有情爾惟是嫉邪慕德之忱向明廷而各獻耳而依此情以
察如百族皆通天地之心郅隆初無異術亦惟此獎善別慝之

□對群黎而下酬耳而操是術以遐數邵萬年永鞏苞桑之業蔭

出、題、有、古、義、

古聖王所以久安長治無有後菑者以其能順人性之好惡為好

惡而無有拂焉者也若乃有人焉叱咄群小狎侮老成傾險巧側

者置腹心篤誠明信吾家庥遂意嗜彼亦猶夫人也而若是者其

老、長、思、恒、終、與、肌、小、流、出、氣、求、適、其、能、創

謂之何一心也而乖戾乘之則繆乎情焉以為斟酌群倫之地

蓋有攜一宮幃一職婦人隸子無不驚詫咨嗟而歔欷滿前且晏

洗、楚、肸、省、

然同唐虞復生時會也而私欲叢之則別無徵明焉以為藻鑑流

炎、故、能、言、之、精、功、乃、爾

品之源蓋有觀人之遠賢臣事後追思猶將嘆息痛恨而唇薪旦

夕乃恬然曰盤石獨安矣太平無象也君心之清穆與宇宙之太

和交絪縕以欲達即其象躍焉矣而文淆予奪于方寸則兩間（細筋入骨如秋鷹）皆戾象也況大順方檢也草野之歡心與朝廷之善氣同鼓舞而畢抒即其識帖焉流矣而苟達用人合之輿情則四顧皆逆機也謂（脉脉婉言）之曰拂人之性而一拂無不拂者自變作外患乘共好者既早受（之清味無盡）清流之禍而匡救無人共惡者惟下貢酖毒之人而補苴之策乃獨餘此受戮之身為世訕笑也亦獨何哉亦獨何哉乃知水旱陰（餘可耍）陽舉不必慮所慮者進退一不當而群黎皆得起而攻宮府內外一可無可虞所虞者草野有是非而廟堂必欲與之背蓋惟不仁所至此吾是以仰止仁人而益不禁遐思于靡已矣

好人之所

方

高麗着筆。言外傳神。古韻清光。超然塵表。原評

銀鉤鐵畫。於蒼霜寒。可以想其文境。朱觀泉

文心深入。筆力在透紙背。精神融結。聲光發越。昔人謂史

有三長才學識。斯文足以兼之。

好人之所惡

十二名朱　珪

好惡有拂乎人者吾[illegible]中[illegible]好惡情出于性者也拂於情即拂乎其[illegible]夫人性情絕無可自逭奇也苟於[illegible]其中亦異[illegible]所寄之境一切睥睨而刻意以自是[illegible]復其[illegible]之是守以矜心與人爲構也及追其終境[illegible]已爲嘗也蓋以逆而出者究難以順而返[illegible]微[illegible]成[illegible]亦豈有可轉之局乎好惡者仁人就人性以迎之取[illegible]身以淪之也下此不能絜好惡甚至于反好惡矣凡人本兮[illegible]自動句如[illegible]慮而出則已并衆惡而待也乃不以爲本念而

以無人念定劃無而念矣于是盡屬喜怒之真青而獨倒是非之
定局。以人人念所共趨苟接于心而生則已背衆心而違也乃不
與人人念而與。念是則有一念矣于是堅銳足以奪所共而
轉移。以其於盡人之所惡人之所好皆人之生在上者因
而同之於蓋性所[illegible]偽不仁者好人惡而惡人好果何謂
哉謂叢有奇莫[illegible]謂衆附亦[illegible]藏慝則察微
可以辨奸[illegible]交[illegible]聖王之膺鑑哉而彼
託辭于是之人之[illegible]知者明其有所焉乃彼
而預指一好惡[illegible]不憚先役耳目以詐

于諂更有自謨賦以……刻畫以成其形而矯揉之
至反若穫其所安……而不得……勇明……以之貧而窮而思適謂非
莫君不能概……主有以見謂哲后能任賢則者
多不遇……于工諫其請……天子之真其囊哉而彼不得借
口于朝……人之獻其精神而默相待者已並於其所焉乃彼偏
獨倒……甚……之路而潮遷其居遂不憚先畫其峻途以標所
對付……其……成身以護為奇直于人性中別白以自異而創造之功
竟並弦能……相繫此更不得援怨許知分備之例而引以自辭是謂甘
性亡已矣而好尚安然當其獨好獨惡亦若藉所憑之度

丙[illegible]之仁。若之旌別激揚。又為有。而示弁恃也。力爭

有可[illegible]得[illegible]如其數。以相償息。作仁且亦將反其道以相制。既

且張[illegible]將翔治之者。匪不再討而決耳。當其偏好。而語亦

不可也。[illegible]勢必屬其統制之中。亡之濡忍遲之而能斷而愈

將返既[illegible]之異。若其[illegible]不支。過為忍。若即理數已有而

逮夫身由[illegible]指名之外[illegible]絕無[illegible]可追耳。苗之恐

[illegible]人[illegible]惡。可不慎哉。

好人之所惡　一節

戊辰會試　二名　李中簡

好惡失其常性拂而身乃殃夫惟君與民共有此性矩之所以立也彼拂人之性者詎知其以好惡召菑乎（立片言而足要）且天與人嘗交挾其大順之機以責一人之利藪而或反其機以相感則患氣中之蓋仁主之情期于奉天暴主之情幾于由己夫由己而不克當夫天猶可言也由己而先自外于人乃真不可倖矣（根仁人頂出性字超卓）今夫無作好而無作惡者仁人之所以綏猷而好所好而惡所惡者斯人之所以成性草野何敢預命討之柄而有其不容不預者命討之大原也（緊光切）彙羣倫于陰騭即宇宙所恃以相維寧能強相協之天懷俛首而受

簫鳳一鳴蜩螗單首

辟王之法蓋際非過嚴福極之徵而有時不容不嚴者福極之恒
孰也警念用于宸躬即志氣所還而相應寧能替明威之顯命破
格而寬從逆之條見賢者慢不足言也奈何等而下之復有好人
之所惡者乎見不善者過不可挽也奈何類而推之復有惡人之

筆亢鋒

所好者乎法必獨斷而八言可恤冥然無忌憚之存令亦由衷而
平旦有懷蕩然無幾希之近嗚呼是謂拂人之性也性可拂葘可

節提東騈一新

逖哉且夫降祥而降戾者天人感應之機也餘慶而餘殃者性命
合一之理也必待賞濫刑淫又量事以如其罰則帝謂亦可云

大言炎炎

遠所謂葘者蓋先機而寓者也一念而喬健順之常則一念已名

陰陽之患而異日之指乃功戮兩判備其後斥爲謂將告亦沴不
（融會天人三才精意）
過懸象以驗其德則其德更何所畏所謂畜者蓄盈量而加者也
一日而莫體乾坤之德則一節已足達心體之和而庶徵之一極
無一極備更何論矣然則愛其身以自恣而不知其寔自斃也貴
其身以自用而不知其先自斃也蓋既別一人于眾人以隆其分
（點米亦○落）
旋欲強眾人于一人以快其情端起于微渺而罰切于肌膚自古
不仁之禍莫烈于此平天下者所謂咏南山有臺節南山之詩而
蹶然興皇然懼也

融會題中精蘊而出之以整鍊之筆自覺積健爲雄返虛成渾

好人之　李

墨卷愜心集

非醞釀功深。豈易臻此老境。似此掄魁。庶為不負科名。廖古檟

於他人着筆處。進一層勘出。熊熊奕奕。經籍之光。文園太史

語余闈中作此。毫不費力。蓋其揣摩者熟矣。程藻江

好人之所惡　一節

戊辰會試　汪廷與

惡原於性拂人者祇是夫非夫人公好公惡人性同然用人者何
拂之也不拜咎而也亦奪亦獨何心哉俾許心謂旨言用人而逞
致意於仁與未仁之辨誠以人君異其好惡之柄微之黜陟秉之
之故覇之動關休咎之徵甚不可以苟也予奪原期獨斷而縱欲
者易乖刑賞揔不可　昧理者輒恃違衆情而逞己志非獲吾
今今圖矣今夫平天下者孰不為子孫黎民計者哉吾以為保
之之要推賢才於身而保邦之規謀於謀於之薄海應違之象鏡門豈能
黜陟其樞要惟此生理之公然不使一念或爽其天以隳

嚮同原之隱國家否泰之機下者莫能預權其救要惟斂此是非之不易者不亂一日不敬其民以培其學多福之基惟是天下者舜以靖多欲之萌□其用人也又崇臨易遑之勢則竟有好人所惡者僉壬為制□□而聲華聯結夢卜之知有惡人亦別女者端正為同朝所推而姓名半在求門之籍在英辟或拒於進□介黜黨同果敢在為□陰以濟自原之私在闇主或僅鮮拒謨□辭私昵顛倒閭□□□□快憸人之私性其言怒之用未嘗不諒察權之權未嘗少替□然而天下□□□理不可蒙勢不可庇福不可倖人有愛憎性之流露人有褒貶性之所富淑慝升沈易勞觀勸

忽性本直也不容枉矣該以枉行拂其直縱恩賤何言得其強武相尋之習已不可以於目矣況夫清律過盛而將衰姦欺易投於若漢武晉元示察則夫愉文之猾見附腋者可勝道哉今人有君父性繫朝廷人有身家性依撫字法宜禁錯草澤想慕性成公也不容私矣茲以私者拂其公縱耳目可飾習其從獨不悟之勢將不知所底止矣至於積幹遠蘊之迹樂蘗芽漏泄於當路則夫叢挫之害以胎者尚忍言哉斷蘖之萌也將必遠於拂性者之身矣乃知禍福無順逆即其形故永命為敬天從違有應修悖即其應故類情者保志平天下者鑒此而加謹焉則保躬以保世也易易已

卓筆

包孕史書而不露劍拔弩張之態則窮經之力為多

好人之所惡　一節

戊辰會試　邵祖節

拂人性以為好惡，可去之無以善身焉。夫好善惡惡者，人之性，而拂以用之，菑必及焉。人不知有性，寧不知有身哉？且危事不可以（發必應）身當也，而不仁者輒躬自蹈之，初不過愛憎之私，與人為詬病，而惡氣成象，咎徵畢應，雖以彼上帝眷顧之身，而（曲透）曾無術以解免焉，是可哀已。好惡而為命、為過，不可語于仁人矣，拂猶幸其反諸身而（來麻清）于斯。人好惡之性相近也，一顧弊，不要其終極，則周章亦中主之小心，惟一逞其果斷之私，而大懷倍多刺謬，情每介乎依回，則調停（革挾風霜氣）固持衡之寡斷，乃直指夫矯揉之失，而釀禍遂至，更深忝之何有

好人所惡惡人所好者昏蒙不自覺而復濟之以恣睢則識闇者
中倩中猜者指對非不自多其智而視聽不秉維皇之隲即旋則　波之情
莫非自用之愚後肆不及持而更深之以蠱惑則志岐者中奪出
貪者意偏非不自詡其能而刑賞絕無忠厚之心則斂錫莫與蕩　如老吏斷獄
平之極甚乎誰無好惡而非人情不可近人則何喜而謂身獨能　著紙欲飛
晏然已乎在其先所以之則欣鬱之則咸別有不情之臭味而逆之　純以吝渾發揮不人負寫
人生而靜之始無復乎旦之叙爭逞其後元良剝喪眾人昵比亦　以古書而出之以筆都落痕迹
既稱德之彰聞而撰之行藏度於遵方謂在天之有命吾見獨　所以
斷獨行之下足以病及蒼生者非細故矣然患未中于人心而躬

早憂其不閑福所不敢冀者極得而獲之則當其自貽伊戚已不
何必諸死喪之災且其乍戚從循之足殺貽孫子者匪無論
矣益不善之積及其餘而從逆之凶先自近入深不能責者神得
而訶之寧得云彼何慮休咎無懼于禍功之戮拂人之性是之謂
矣蕩滌矣身非其必然者哉夫彌慮性而純彌暇同人者物必歸
焉故天下有公是非乎一人不得有私喜怒於之吉凶悔之凶去
順者逆斯效焉故恭主果于識料而仁宗諱言蓄藉于是以讀
臺萊之章與節彼南山之什而有大觀焉繫之也

潔淨精微超超元箸李作純乎純高作純乎史此則就題節

好人之

好八之

墨讀□集

祥吋畦獨闢襄讀樹石山房倘美

洨今益深與事推袁之

歎矣廖古楷

好人之所　夫身　戊辰會墨　陳科捷

極言好惡之私知其所自來亦古矣、好惡於人之性本自公也、極其私之所至、所取舍不由見哉今夫是非之理在血氣而皆通喜怒之原那陰陽所由入用人者以其情涉天下之情而下則凡有情者皆視乎厥躬之所重而不敢有異情之萌而因異其情焉於是有難解之地耶如命如過不既與能好能惡者頓殊乎然猶未極其至黜陟靡而懲勸無方朝野之望云深而弓車既阻名山蟠帶猶安在位思相乘之有時而植厥私黨尚欲窺上意之從違以爲進退戚福偏則自奸倒置廟社之靈何赫而

名語破的

定人字

反人字

伏當字

黎蒸

僉壬以倖遇爲興正直有爲善之自所見之一左而職是厲階
可不擇下情之向背以卜咎休然亦姤惡即不爲人計夫獨不爲
力擧千鈞
身計乎而奈何有人之所惡而好者險巧之流其氣象常托於淳
人是所三字獨有機梯
厚蓋其初衷同謀也誰爲羣議之所摘發明誅之加猶恐
或漏其網豈宜獨引而近耶信似不疑其精神與此遙有
之勢吾知章服之必濫矣而奈何有人之所好而惡者剛方之情
共榮止或傷於激蓋其時無可好實也業爲心之所推
重華袞之錫猶恐未銜其獨如遺耶投斥弗悔其到多
三比層次喚醒題章
與斯人有相畏忌之意吾知刑法之少免矣夫好惡人之情也而

所以好惡則人之非賤已性而拂人性覺衆人皆公而一人獨私
且好惡及人身者也而好惡則於己身自人身而逮身
譏人非蒙其福已受取其吉凶之行伏其微鶴在林而鷲在
梁抑亦氣數之偶爾而人性則不可易也古聖賢尚論而措
隱為小人戒未嘗不為親小人誠為君子危未嘗不為遠
文明堂出江繪下去與亡之迹以見天理民彝不奪於勢位其
著鑑正自昭然治亂之迹更靡定加諸膝而墜諸淵固亦時事之
一有而人性則不可泯也古簡冊所事而必欲其應爵列羣小知
其已來四國之謠罰及善人知其　犯五行之忌故太史占天纖

其中有物

攄一時禨祥之驗以見尚德明刑關於帝載其感召亦復不爽推好惡之國以勢有所必至益信禍福無常原不容以自假求惡之歸乎道本屬大同可知淑慝在我已各具於人心是在取法於絜矩之說而已

清拭題中字義層次崇論宏議知無一語近恢亦無一惡趣有道之言對之如景星慶雲矣　葉東壺先生

好人之

好人之所　一節

鄭杼　元

極言不仁者之好惡矩也、蓋隨乎葢好惡之根於性而不可逆
者人心之矩也不能絜而拂之不自取菑乎傳者危言以怵之若
曰陰騭者天善惡判乎陰陽求其者人好惡協於風雨彼夫居高
下○筆○卓○踔
挾勢而恣心以逞者徒謂是詬病于人已矣復與焉耳豈大悖德
不祥戾氣斯應事固有不越一二愛憎之私而禍乃還至而立
效者耶則試由命與過之未仁而進言之今夫好惡情也所以好惡
從○上○而○抑○透○全○青○以○後○知○題○反○疏
性也性以一而貞身致和平之緩性以順而適人懷風勵之施此
好惡所以通于天下也而奈何有好人之所惡惡人之所好者三

房科墨選　戊辰會試　芳草堂

代豈無枉直而進退即具于倫類之心雖復限於勢而不敢專實（草○方○卷○秀○深○川○嗣○響○　○人○宇○著○實○）則公非公是抱質而來者猶是百姓羣黎之日用乃不謂反其趣以施之者之竟肆然無忌也衆論或有雷同而臧否即以驗降衷之分蓋惟各如其數以相效愈知一激一揚竭情而出者依然秉（性○宇○著○實○）微積德之常經乃不謂左其道以行之者之竟頹然自戀之是不謂拂人之性哉痿痺其心不龢而又濟以剛愎之私將任情顛倒乎聖自雄豈但一已求剛柔之戾乖忤者禍之萌而更佐以詭隨（曲○折○方○湊○渡○　神○致○）之輩則氣鑠休和神移矣思乎弟四方成危岌之形此蓋一夫之身矣不謀乃心不及卿士自以為是然如日在天也殊不知吾有

身而不自惜且變而加厲焉欲康乃可得乎昧思黃髮仁者一好（旁批：其味油然）（旁批：況[illegible]至）

惡而貽厥子孫比之匪人不仁者一好惡而殃及踵頂豈非自貽

伊戚哉此誠切近之留矣君子剝廬小人得輿猶得曰天下事大

可為耶夫既已蓄在前而不能避且引為已利焉欲袪乃蓄得乎（旁批：包羅深厚）

慢賢狎惡庸主或得以柔忍而遷延殘善賞奸暴王乃竟以乘違

而淪喪曷為冥然不悟哉夫至蓄必逮身有天下者亦何樂而為

此蓋人同此心心同此性好惡之性其可拂乎是以絜矩之君子

凜凜焉得失之必嚴也

下筆另具一種綿勁之氣清剛堅卓骨味森然如奏黃鐘大呂

以破蟋蟀蟲飛之聲。

好人之所惡　一節　　鄭杼　一名

極言不仁者之好惡雖逆而菑隨矣蓋好惡之根於性而不可逆者人心之矩也不能絜而拂之不自取菑乎傳者危言以怵之若曰陰騭者民善惡動乎陰陽秉彝皆好惡協於風雨彼夫居高挾勢而其心一逞者徒謂是術有大人已勿預焉耳豈知悖德不祥戾氣斯應若響前不越一二人愛憎之私而禍乃還至而立效者則識介真過之未仁而進言之今夫好惡情也所以好惡性也性以一而貞身致和平之體性以順而遭人懷風勵之施此好惡所以通於天下也而奈之何有好人之所惡惡人之所好者

三代豈無枉直而進退即具于斯人之心雖復限于勢而不得逞實則公非公是確然不易者猶是億人兆人之日用乃不謂反其趣以施之[illegible]之竟肆然無忌也衆論或參附會而氣類即以驗天事之真蓋横各[illegible]其[illegible]以拂劫愈知激濁揚清竭情而出者依然真藏植[illegible]之衆經乃不謂在其道[illegible]行之者之竟頹然自喜也是不習拂人之性哉一[illegible]偉然心不聽[illegible]乃濟以剛愎之氣將任情顛倒予聖自雄[illegible]但一[illegible]集剛柔之戾而悖者禍之萌而更佐以詭隨之轉則氣[illegible][illegible]務[illegible][illegible]寧第四方成危炭之形若此者畜必遠矣身矣此爲[illegible]夫好身矣不謀乃心不及鄉士自以爲安然

如日在天也。殊不知既為身之菑，為衆之菑。欲保乃身，得乎？昧忍
命將古文作慢或[illegible]好[illegible]惡私[illegible]急
黃髮，仁者一好惡，[illegible]歌予比之匪人；不仁者一好惡，而殃及
踵頂，豈非自[illegible]從戚[illegible]戚切近之菑矣。君子剝廬，小人得輿，猶
得曰天下[illegible]可[illegible]邪[illegible]蓄之[illegible]門，利菑之事欲禳，乃菑得
乎？嫉賢使[illegible]延殘善類，秉主乃竟以乖
違而論[illegible]好惡根乎性，亦不可拂者也。性同
則心同，[illegible]同是心，有矩要惟君子絜之，得失之故，可究言
矣。

此就用人極言好惡之私，所謂大不能絜矩是也。文摯性宇翻

五科鄉會墨選

好人之

跌與上來脉融貫最得題神理其詞氣之舂容爾雅洵為盛世

元音

好人之所惡　一節　戊辰會試　賴晉

拂人性者辱歟。知好宜慎矣。夫好惡人性也。顯拂
乎人即自貽伊咎。苟謂平天下者。以一己之
身寔平乎下人之性。[illegible]分人性乃拂其常。此是非
之本懷。所為順萬物之情。[illegible]之[illegible]莫不有此具也。至於偏
頗所以致戾哉。今[illegible]一知之。故其所由來者漸矣。能愛能惡行
人。同此性。性皆盡人性。下此知命與過之失。又何嘗與人性相
背。此性中之好。其公天德同天。命罪同天討。知好惡不關人為
也。朝家秉黜陟之公　順天理即下叶輿情。而治本大同。不難以

墨卷萬選　百廿五　大[illegible]

一人裕亨嘉之氣性之分量足於民由服以為民庸誅殊以遠
民吉知好惡此憑獨也大君操予奪之柄外慊人心即內培主
德而可[illegible]乃沽名[illegible]敘世敘福命之原蓋好惡為人性訴合之
機動[illegible]為君身謂之主一念於微所關甚大也即奈何有好人
所惡者因路有餘于人以處者有異所不容矣今且不僅優容
直心腹寄[illegible]真其所好[illegible]誹成至是且要有惡人所好
昔廟堂有吉[illegible]廟[illegible]勉矣今且不徒淹抑直九
譬視之豈其[illegible]緣[illegible]乘忤者之則身範不端始焉以
私好私惡昔悖矣必凡離[illegible]而立然焉以作好作惡者爲厥身

地天之泰也內陽乃外陰乃以杜漸以微隱慨乎人生所同然後
乃疑之產偶定之忝天仁於此民倪與之左焉大則往而小則
來一若盛陰[illegible]陽發抑[illegible]失其宜而深宮之彊武適與下
民之衰也以類並求遂[illegible]彼昏之壹[illegible]口當者尚依
然也其能免於復[illegible]者與[illegible]有之亨也遂[illegible]而揚善以順
天[illegible]謹引乎[illegible]後乃濫之為氣類之通不仁者於此
則倒持其勢私人以賦而正士者務令惡加諸膝善墮諸淵誅賞
別有心而未忘之不祥若與民氣之不固相乘而伏治至群情解
體而爾日之嚇衆從已者仍如故也何託於積中不敗者與天

墨卷萬選　頁六　大學

地麻嘉之運。原蓄其機。特推為主□多□之世。默助以精華。入心
藹□□之休。且隱其朕。豈願為恣情自用之朝。相崇以享壽。是不惜
雖□於□□□之仁。人并且懷慚於命與過之中。主節南山之詩。
將□□□□□□□好惡而公好惡之原。莫先慎獨。
魁閣□□□□。

好人之所惡　菑必逮夫身　潘思光

傳於好惡之極私者而惕以不仁之逮禍焉夫以好善惡惡之公理而必從而拂之彼非性與人殊獨不念逮身之菑乎故危言以惕之且平天下所以必驗仁人者為其握乎萬物之一原以通之而區區免禍之說非所計也顧頌仁主只言民情　臣僚王兼陳禍害彼方矯然自任彿狥衆志以為高豈知好惡昧所流而菑逮其終將求自任不可得者故尤宜慎也夫所謂握乎萬物之一原者何哉好善惡惡之人性是也顧庸何不用舍之柄可參者三代道之公假令特立見憎依阿取悅而不必從而狥之則亦無貴

知人之哲矣朝廷何擅威福之權所恃者上天陰隲之極誠使爵人與共刑人與棄而我必矯而與之言亦川所以藏身之周矣言人則好惡未嘗一於正而言性則好惡不容以或私有如妨賢病國人之所惡也稍有人性盡亦屏黜以已亂乎而辟者顧從而好之甚至輿論交攻而不卹若是者彼自以為能吾并不謂之過也直謂拂性之好而已矣容賢利國人之所好也性匪人殊奈何播棄以自矜乎而辟者顧從而惡之甚至衆情推挽而難留若是者彼自以為能惡吾并不謂之命也直謂拂性之惡而已矣則吾且返探其本原以相規而且決其危機以相救君民相隔以勢

而相勸以天彼夫好惡同欲而惟皇斂福者性聯之耳若之何矜情以往也據巖巖之位詡可元命自作逆返而叩之是非顛倒而乘釁斯滅焉不仁之禍於是深矣無論衆怒難犯變故至不忍言即一身之召沴下而民所釀不已多乎上下相聯者分而相恭者理彼夫好惡無作而王路是遵者性攝之耳若之何民以淫也震赫赫之威謂可神明爾主逆流而極之感以[illegible]召而罹由人興蓋不仁之禍於是烈矣苟其通欲類情人心一時一轉則其身之康強逢吉其所全不已大乎是知大無性外之學情好惡之若早在居敬窮理之先天下無性外之矩絜好惡之平者直探人

心天命之本。若夫真能好惡之仁人其遂蔚也固已久矣

上因辟僇而丁寧下對驕泰以冒。眼光四射節節周通絕

鋪張末句氣局雄渾詞旨温厚原評

好馳馬　　驪每集　仲如玉

儲君自明所好。馳馬其一也。夫馳馬非世子所宜好也。乃他日之所好者。不先在於馳馬乎。謂然友曰。吾以篤駘之質。一旦身居人上。懔懔乎若朽索之馭馬矣。顧撫綏無良策。此時倍切憂危。而驅逐遑雄心。當日偏欣神驥。是豈欲於馬上治之乎。即此道左揚鞭。已不禁其欲之逐逐也。我他日未嘗學問。誠以吾馳情於外。而好非所好耳。吾用是即所好思之。以吾生在深宮。原貴以矩步繩趨。防夫馳騖。乃何以詞章不思涉獵。而中情所屬偏多紛營逐鶩之端。以吾長於阿保。亦或以德車樂御範我馳驅。乃何以少壯猶有童心。而結習難忘。早在曲水交衢之地。以云所好馳馬非其一乎走馬而公劉胥宇降原陟巘遂開鳴鳳之祥馬亦安必其不可馳者若吾之好之不係此也想當年載驟駸駸不過以奔軼絕塵自鳴得意故雖六轡表如琴之度兩驂昭如舞之容而以有用光陰半銷況於錫鸞和鈴之會有徒負駒之過隙而已矣養馬而非子開基駟鐵小戎實逞碧雞之瑞馬亦何嘗非所宜馳者若王之好之亦異此也想其時載驅薄薄原非以長駕遠馭翼振雄風故雖千里之駿可求八尺之龍時致而以青宮重望日嬉遊於長林豐草之間有深嘆駟之難追已矣在先君訓切義方亦嘗以銜橛之虞時申告戒而無如恣情縱轡欲易吾好而不能也念今日馬鬣未封黍兔撫素車而興感而追思疇昔覺好之至而骨可市以千金亦好之深

而肇可空以一顧也則吾之賞識夫馬者不僅在北壯驪黃外哉即吾子身爲師傅亦嘗以安步之樂日進箴規而無如役志執鞭欲淡吾好而不得也念今日馬齒加長原不敢覆轍之重尋而回首曩時覺馬甚馴固不必驚而來亦馬甚駿更無事轡而騁也則吾之中心所好者不已在磬控縱送間哉合之試劍所好如是何怪羣臣不我足乎

左縈右拂顧盼生姿

好馳馬試劍　一貫集　戴錫均

述所好於他日、皆於學問無與也、夫馬之馳、劍之試、於學問何與乎、他日之所好如此、正子為然友述之、曰、甚矣人好尚之偏當時不自知、一旦憶而殊難人、解也、好勞不好逸、恆快意於驟騰、好武不好文、每縱情於擊刺、一鞭展足、三尺橫腰、疇昔固樂此不疲、已他日之吾才似不羈、怨步調良之德、器殊來利、安知磨鈍之功、去好學好問遠矣、而學問外豈別無所好哉、德以為車樂以為御、非敢望也、心有所溺、惟物色夫鄭之駟、魯之驂騑者為缺忠者為鋒、未遑言也、情有所鍾、時拂拭夫吳之鉤、越之鍔、丹、而馬使僅數以示富、馬特為廐內之儲、第驥足宜舒、維而驁馬可乎好之極而期以千里方將不介而馳有劍焉使僅佩以鐮容劍衹為囊中之置第魚腸甚利韞而藏焉可乎好之深而磨已十年每欲及鋒而試取之而籠惟未過宋獲聞其軼事覺好多同志更何惜乎市駿之貲尾之而頭畢白使楚曾思夫遺聞知好出至誠更不止夫斷犀之利既不同孽子之失懽引嫌固所不事際茲雄心勃發將武非叔段如舞亦何害御良直異王孫自厲正不妨人見況復值强鄰之逼處右武亦以須防設當疆事艱虞將乘光授綏余不效衛之蒯聵抽而斷鞅于且為齊之郭榮好在始而刻不能忘就令鵠未乘猿未擊而鏤鞍交杖且憑筆述以快心好已久而他無可嗜即使驥不至龍不吟而囂嗇緩纓且引客談而愈疾瑳乎戢干而馬可歸揞笏而

劍斯燒姬宗開創氣象何如乃屬吞文昭祇精夫冀野董山之選于征而馬孔阜受賀而劍相磨周室中興規模具在乃係分卜正僅顯乎圃人桃氏之長吾念他日吾深悔未嘗學問矣

語語切字字典過塞使題二比尤為他人意想所不到

第十三冊 卷三十九

形於外

蔡寅斗

觀外之遥何其中而爲惡者危矣夫使外而可掩其惡也不與其中相戾哉觀於肺肝之如見而形外之由于誠中昭昭也且吾不知世之汲汲致飾于外者何爲也彼將同人藏其心不可測度庶幾哉可藉是以自蓋乎吾謂與其蓋之毋寧暴之蓋外之所以致飾者斷工而中之所以自據者則已久也以無所不至之小人而肺肝如見則天下幾見有誠于中而常匿于中者哉夫如見則不壹其顯焉者也而所見者乃本原乎至微乎幽而無所用吾蓋焉乎用吾蓋飾矣其有飾焉者亦寡矣而肺肝則固其隱焉者也而

（察揜外之意）

匡鼎新義堂彙集　大學　自得齋

如見其直視之爲甚見于此而無所用吾掩焉肯用吾掩飾矣其
有藏焉者亦窺其隱矣以言其外則既形矣我聞形于外者之由
誠于中也其此之謂與外者中之表也一巳之声音笑貌各視其
神明之所感而因而應之其相應者其相賞者耳吾謂多之淺識
者何象曰幾乎有蓄而欲出之機一日乃欲闘之使不出而難
取一大相顯露者以發於耳目則神明中發謀於我不肯而自知
應之者左矣應之左則淺淺淆且歸餘其自然而循著仍尚矣外
、、、、、
者又中之符也人生之發視衣冠各憑其方寸之所存而引而發
之其所發者皆所習者耶吾曰畫之經營者何徵曰洞洞乎有徵

形於外（大學）　蔡寅斗

而弗變之勢一且乃錮據之使暫變爲幾艮一素非決洽者[illegible]澤
其斷頑則方寸內失守我不得也而繼之者畧矣爲之誘則
經營昔且緣其營而皆修理矣故常決意難之際
原欲格之使不形耶然使其紛形夫亦何其惟知夫
形焉者之將有所不甚也而必欲逆其中以動之則勢亦而遂拂之
勢象易不下以終日而驕地調天之狀咀嚼齧漸熟窮之濟[illegible]
但流當其時爲障蔽之際原欲制之使別有所形耶然使不別有
而形又將何以爲形也惟知夫形焉者之將窮如其長我也而亦必
欲反其中以借之則神退想促之應息然難忍于須臾而色厲行

國朝制義精真集　大學　一　自得齋

毫之真誠隨假借之鬚眉而刻畫矣乃無形也者誠於形也外形

其誠也外也者秘之外也即外如性也勢有必到情有固然肺肝

如見彼小人豈非以獨之不慎一至于此哉

承上撤上常法耳句句脫卻句句黏時而離身仰射時而回身

就題奇妙不可方物者華有眼面目更從何處著形　己山

以陰層爲刻畫豈不面目可憎妙以鏡筆達其精思乃殊不切

陳言耳句句蒙上御句句截上別爲善抱不既幽折焉奧字字

劇心怵目直爲小人標形繪相下文必慎其獨意已如應鼓遠

形於外　蔡

九南浩

赤也束帶立於朝可使與賓客言也

王 洄

嘉賢者之習禮可為宗國審邦交焉夫魯之見弱於鄰皆與言之
不得其人故也得公西氏以立朝何慮賓客哉且昔先王以賓禮
親邦國而司儀詔擯尚重儀容掌訝逆彊不詳辭令非略也蓋諸
侯無問於許厥則告辟問勞禮成而止而應對非所亟耳今大夫
以仁問赤吾謂赤亦問其可使而已其才不足以副兵車而第甫
元端澤躬爾雅在吾黨為華國之英其人不足以資陪貳而容貌
辭氣浸以詩書在當世亦羽儀之選且夫吾魯至今日賓客之難
言甚矣會盟二十有五來聘三十有三晉接繁則介紹不易以充

大夫之學禮而贈賄如勞猶不能相剋其他何論爲歸贄禮而四
牢空加拜城杞而三耦不具儀度聽則協好愈難以文宣將之秉
禮而形弓湛露猶娛而歌則失辭又何論爲惜也不使赤戰其事
也設令赤束帶以行而於華四寸昭參分居二之容立朝以待而
交擯三辭諧佩玉鳴鑾之節吾知其與言也可以禮浹鄉焉可以
禮樂傳爲使臣有禮而與言者不淑爾止是誣人也試思仲孫省
邦向成尋盟譬諸草木臭味也而可差池乎惟赤以禮浹之與之
言易象春秋觀書者亦封嘉樹與之言節韶夏武請樂者咸仰宗
邦雍容樽俎揚儒生韡結之輝而我賦采蘩人施膏而從可卜已

行人違禮而與言者亦循其詞是自誣也試思批裨之用已辱蒙皋之盟誰寔兄弟庇以安者也而使之吠乎惟赤以禮樂之大夫不出門亢言而折徵年之後守臣不假器婉言而謝治邑之誅論列壘非伸我國冠裳之義而刺慶封之汜斥孫子之登猶其後已是故即賓客之在友邦君而宗盟不長薛侯一睦不畀邾子秉階而歸自見重於來享來朝即與言之為天子使而受命而應車賻當享而斷形鹽數與不忘必有當於尊王尊祖然必曰立言者立德則非吾之所知也

（華談[illegible]）

（二義精暢）

取資經籍皆有意義貫徹其中視飯飣以為古者殆霄壤矣　許

壽門

首句忌太畧次句忌太繁文切合題事配搭勻稱而以精鍊出之松風水月可想其清華仙露明珠可擬其圓潤朱玉衡

贈賄句左昭七四牢昭二十一拜杞襄二十九彤弓句文四省難閔元向成襄十五臭味襄八觀書昭二請樂襄二十九采蘩昭元膏雨襄十九秕稗定十橐皐哀十二兄弟句昭元治邑句昭七慶封襄二十八孫子襄七辭侯隱十一郯子昭十七應車賻桓十五形鹽僖三十

赤爾何如 一節

謙詞而隱於小真得禮樂之意者也蓋赤固能劃翻之相將乃不言

而言學不言大而言小此即公西氏之禮樂已昔者聖人之以禮

樂教天下也將抑其矜也平其躁也得此意者不必覘其半乘點知

為華國之選即徒聆其言論而已究然大雅之風矣求所云禮[illegible]

（青菜根水〻濯月）

君子〻固知其俟赤也謂赤果有能也則赤亦曰能之即慨然為之

〻矣乃承子問而婉以對曰人之敢為禮樂者必其能是事者也而

赤之思為學（猶小子）則方學是事者也赤今尚儒服而冠與吾黨小子

（神韻高奮）

羣落〻於洙泗之濱已爾閉戶讀冠義祭統與夫明堂玉藻諸篇而

論語

論評

祓言則懷來嘗不欣然神遊其事也其爲祀事則祠禴嘗烝或分薦
之於四仲也此又壇墠或祫享之於三年也變之而廟禮則七獻五
終則六羽矣尚其此肄乃學乎如爲王事而千八百國有不庭焉時
事于以來洛也十有二年有事巡焉同軌于以畢至也會同有繹禮
則九儀矣樂則三夏矣尚於此抒乃顧乎際斯事也如或知赤則且骨節變然
向司服而被端冕介師以章甫試與駿奔而左右亦其有命何等哉
彝者贊采之班行人之列顧多類相華於其中爲其小者羣展所學
頣亦足矣慨東周之武檝自來雖頌寢而列邦不貢士於澤宮自戴
見詩亡而悍辟鮮觀顏於堂下蒲待賢以鄉爛爛其間而翊聲以

用常陰：天中起

歸其主俾包茅必共縮酒而大夫不先王人庶幾周禮猶可議乎

則赤之有志未逮者也傷吾魯之寖衰發雖家人而公臣至於不能

貞三耦朝乎盟主而外臣至於外儕其忠貞偽得良執政輝煥其際

二而扶統紀以戴公家俾既灌罔或惰容而相謝無敢見止庶幾乘禮

尚有廖乎此又赤所中心藏之者也要之赤之願為是事也即其願

學是事者也而敢自詡其餘謬附君子也哉可觀赤之氣象謙和固

不待躬相廟廟乎知其得於禮樂者深矣

引義典懷重之氣洋溢行間　高文宗原評

注神其言不讓挽合上節禮樂識解已踞熙嶺爲爲皇皇曾子

四雋　赤爾何

賀明堂禮成表自此班固典引得此可分二席

○○○赤爾何如　點也

於志札樂者亦無與也聖人之所與有故矣盖赤之志不異於由求不同於點夫子亦不聞與之而獨于點喟然也此其與之之故不可解也且夫聖人之于人也取其學乎取其能乎取其學而能者之足以事天下之事乎夫且必事所事也則必不以無事為事則必不以無所事事者為足當用世者之事則必不以無所事事者之事為足當其意用世者之心而聖人之心固不可測也則吾見其含由求而更及赤侍坐之次赤居其末斯時尚當有先赤而言者彼不言赤不敢先言也然而子欲有言赤何敢不言言及之而不言與非長者之

拈出字為控上　能測庸果服

搏得不測

擊下節陪襯

未句繳欲捏

所許乎然即言及之而言其遂為夫子之所許乎不聞許其服法服
冠礼冠騐奔于宗廟者之為何如也不聞許其服法服冠礼冠贊襄
於會同者之為何如也于小相而曰非能赤自謂非能而已曰願學
赤自謂願學而已斯時之赤與先赤而言後赤而未言者群相與
夫子夫子亦僾然不置一辭也但見其舍瑟及點曰點爾何如云
爾夫點誠何如者點之意中若以為點之志可與學而能而不以言
也夫且鼓瑟夫且舍瑟問而浚對上而仍不直言其撰也必俟夫子
詔之而始正言其所以與莫春數語識若可無學而能者而吾不辭
夫子斯時何以喟然而嘆而獨于點有與也與其慕春[illegible]侍

適協乎與其童冠偕游之興釋于五六人六七人乎與共六且浴且風

具用常点法

且詠之可行則行可歸則歸乎識若是也則彼殷殷然以宗廟會同

頓盼姿游灑

之事為第者不且疑其非所能而能非所學而學乎而夫子未之言

也吾恐赤聞之而不解其與之之何故也豈惟赤不解由與求亦並

法嶄新妙

不解而吾正恐為所與之點亦或索解不得且柰何

紫轡在手逐電追風覺遮路亂花左縈右拂撼不得其跑走

刻同語

有提援法有俏納法有襯跌法有點襯綴法有鎔鑄全題成一片法

鴛鴦繡出度盡金針　張慎五

赤爾何如　學焉

國子監曹少司成　季考一等第一名　方樹謨

詢及禮樂之才任之者其詞有若歉焉蓋何如之間子固知赤為禮樂才也乃以未能願學對其情殷其詞遜奚嘗思才華本經世之要圖而恬退實推人之深致故厚以相期者知已來逢若早識

而○虛○對○舉○詞○偶○而○意○圓

為華國之選而遜以相承者素心欲剖轉先呈其謙抑之詞蓋禮樂實所已優則雖虛衷置對之下其歉然不敢居者即其任之而

非、曰、句、顯、學、句

莫可諉者也如禮樂以俟君子求之學不在是故求之能不及此

帶○起○斂○妙

也雖然求亦明知有赤在矣平昔肥馬輕裘之度既足壯四國觀

二、比、頓、赤、爾、句

瞻則因大用以展素長而黼黻多才當必為一堂生色且其立朝

束帶之風久已為聖人許可則即晤言以徽凤抱而文章獨擅尤
足令四座傾心何如之問夫子烏能已於赤哉乃赤於此已皇然
（二比分領非觸題學先還題）
以起矣以為天地為貽者典制之重使以人之所謝者謂我已無
（面以下便直吐才情）
難焉赤則何敢而斯須不去者學士之修使以業之未成者謂功
可自棄焉赤又何敢夫人情契慕之所至雖未逮猶鼓舞其欲前
（先遂頓學一籌）
以禮樂之廣大也措和定志將舉一世而陶成赤自問做盧風雨
（縱開）
（文心婉曲　點非字）
前此曾有何功則意雖欣之果其量克副之乎而赤非云此也念
（轉到頓學排宕而來文瀾壯闊）
兩京創制而後法物脩明考古者俯仰興懷亦幾望躬逢之有日
（帶未能）
則當此同堂共証恍有觸我隱衷者將受之而殊慚將辭之而轉

憾所顧以文明之盛留為寤寐之求焉已矣人情服習之所安即尚賒亦曲折以相赴以禮樂之精微也淑性陶情且合一身而涵養亦自領函丈居稽當前詎堪責效則心雖向之果其業克居之乎而赤非云此也思東邅迹熄以來典章凌替撫時者流連寤嘆嘗竊計振作之有方則當此師友學期正可明吾夙念者欲任之而未信欲讓之而何其所願以夙夜之勞儲夫拜颺之業焉已矣是不必冠裳蹌濟制本素嫻鐘鼓瑟笙理皆統會而但以分量未進者志氣不磨則躊躇四顧之餘獨出以敦勉之神而元公如接亦豈必殊事合敬識通微妙異文合愛業究宏深而但以造詣未

（點顧字）（對仗才力相配）（墨汁淋漓）（末二比挺發）（擲地作金石聲）（說得如許沉實）

優者功力可據則審量難安之下直體以精勤之意而王制非遜

學焉云爾能云乎哉亦之承問而先為遜詞者如此要之禮尚謙（足見抱緊）

遜即唉口而已符經曲之原樂主和平一措詞而倫得情文之致（餘波亦佳）

蓋何如一問夫子固知其為亦所能而願學之言亦亦非真有待

於學者也。

揚之高華抑之沉實庶子家丞兼而有之。未能願學口中是

讓意中是任文體會入微而出筆復縱橫如意自是老到純熟

境地　麟書曹少司成原評

口氣題偏能靠實發揮思力雄深才情雅健允推文壇巨手

太史吳易堂夫子

赤爾何如　二節

雍正甲辰廣東　尹寧璧

學禮樂者貴因時選其詞不若任其天也夫宗廟會同固禮樂之所在而春風沂水寧獨非禮樂意乎彼顧學者寔不如因時者之可與也且吾人仰觀俯察而有以見乎性分之流行其秩然者即其禮也

直○領○取○下○節○大○意○而○以○礼○樂○二字○串○起○一○起○字○撰○獨○字○

其鏗然者即其樂也故或嫺之而儲為廊廟之選或樂之而放懷宇宙之大人各有願莫必從同志各自取何嫌互異而要惟與意化同流者乃能與聖人合轍也何求言志于夫子哂由之後而竟不敢以

○覺○拿○下○節○意○從○入○上○節○果○字○合○從○如○舟○行○著○忽○

禮樂自居也毋亦謂禮樂則必因乎其時則必視乎其地且必待乎其人無論伏處自甘者靡濟時之具即文章不嫺者亦非華國之才

○見○三○峰○補○天○　○照○應○　○翻○赤○

挈起喟然曰嘆

均未必有當于聖心而不足見與乎若然則必舞人如赤所云春祀秋嘗

時見衆順然後可為用禮樂之時也苟際其時得志可欣矣然曷不

思今者夫子講業之餘有所謂與時偕行也者必如赤所云駿奔趨

走擯介贊襄然後可為用禮樂之人也苟遇其人知己宜竊矣然曷

不思今者夫子樂群之暇有所謂斯人吾與也者必如赤所云堂事

室事阼階賓階然後可為用禮樂之地也苟際其地岩廊可慕矣而

曷不思今者夫子杖履之間聚歌之際有所謂隨遇可安也者得此

意也則有時皆可咏有人皆可與有地皆可遊從容而對時育物焉

而禮樂已不去乎斯須一擲以之意也則安往而無其時安往而無其地

姿性而無其人當前而與居與遊焉而禮樂已流行于宮牆以大道

○復○將○上○二○九○意○作○一○跌○打○轉○到○赤○抑○似○以○

為公之志與遯世無悶之懷並行而不悖者也而赤顧曰禮樂願學

上一節○為○下○節○之○借○景○法○妙○甚○又○即○章○頓○三○句○與○前○遞○應○文○心○巧○變

小相是為其果有當于聖心而足以見與乎惟點之志其庶哉奚莫

評 可○思○議

○頓○評○有○

春春服言其時也冠者童子言其人也沂水舞雩言其地也其秩然

○中○明○意○憂○恰○與○為○関○以○禮○語○脉○針○對○

者即其從也其藹然者即其樂也初何嘗曰吾赤之能也且何嘗曰

學焉而竊有願也是誠異乎赤也并異乎二子也宜夫子聞之而獨

○補○題○不○漏○

有所與也豈第以其鼓瑟從容作止中節已哉

兩節備列若無可串闖元以下諸墨失率為題所縛運掉不能自

我惟此墨緊覷下節莫春中時地人三意以串出上節禮樂卻更

觀下半章為國以禮曾點鼓瑟作止語默莞爾雍容正深有得于禮樂之意以禮樂串入下節恰好逸兩節作法緊相深串緊相環抱其講以此命意下即承以構成機局却又一片揮霍無跡綫滲滿補綴之迹入後點次下節仍以上節陪抱極省淨不支離不複沓極有機法極用意文字評　潛修書屋墨選

時地人三義在下節題已成習從此忽作兩節用不知是穀堂就樹不知是穀樹就堂文人從繪無所不可真可謂化腐臭為神奇矣其講亦有得于禮樂之意直眼注為國以禮更傑出粵東諸墨之上

赤爾何如　二節

甲長庚　李棟

志禮樂者有婉詞聖人更樂與夫志之異者焉夫赤固素嫻禮樂
矣小相之對其詞婉矣而莫春數語抑何點之獨異也夫子能
無樂與之乎且儒者學焉而得其性之所近未有不樂于表見者
（峯遙合一片烟雲）
之也陶淑有年即可為邦國之光而襟懷既曠自可得性情之致
當其從容應對在能者恒存若獻之心而異者更懷謙退之意此
聖門之學期得當于師意而止而非謂謂焉矜其獨異以鳴高
（分明以下節陪赤）
也總求而言志禮樂其要矣而赤果何如哉太和常流于宇宙人
（上一段而情致綿緲運筆靈爽）
與物怡之象初不必分兵農更分禮樂也苟此中之寄托者深則

評

行素書屋

奧心自遠然經綸日具于吾心民安物阜之後又訂妨進兵農更
言禮樂也義此中之服習者久則負荷倍殷未能願學而小相是
為亦治有禮樂之風哉夫誠敬以對越宗廟固自多人而誰是威
儀不忒者君子欲化民成俗方將以淑身者淑世駿奔之儀所肅

上二句

亦焉耳而亦乃以歆然若虛者凜夯懌之恥以執事有恪者鼓肆

將能守看深一層寫出為之大意

下四句

業之心則所謙讓未能者固不徒禋祀之文歟承之節出文章以
耳內會同自列多士而誰是淑慎爾儀者君子欲訓俗型方將
以修己者治人儀文之節所優為焉耳而亦若以抑然自下者屢
隕越之義而以進退趨蹌者效贊襄之用則所自命為學者固已

由介紹而精之由儀節而深之亦志如此赤洵有禮樂之風哉一均
徒達抑便是曾點氣象收卸上下
會其意而通之將兩儀日見其奠麗萬彙日見其昭宣極上下之
非而百昌咸若何莫非禮樂之數際得其意而推之將時序日
任其遷流人物日安其階對極目前之感觸而無心因應何莫非
接落上緊滴身點觀
也莫之端倪然而赤亦未暇計及此也而點志之點志之而夫子
似滿鼓瑟一段悠然灑口氣最難着筆都
與之是豈無故歟造物不盡之藏隨所遇而各足經營者不知淺
化
瀼者亦不知也撫當前之勝槩對境觀則鮮驗愈至故性分之優
游可樂居乎口者初無待乎人人心不息之機隨所值而可證繫
急者不及察閒曠者亦不及察也睹景物之和暢取材近則默契

論語　宗萬何李

自矜故勲名之表見猶虛而樂乎天者自素乎其立要之其所見大也故命之也所造高也故規模宏也不然徒拘拘于莫春之府廣路詠歸之迹而以為有當于聖人之旨趣則點遊為無用之

換上稍硬尚須整鍊

熱而反不如赤之彬彬禮樂尚有裨于人國也點何樂乎其為異

起二比迴環互映恰合兩節并能融入由求二段巧思濬發上將赤謙遜意看深一層便為過落上比地步後幅運化詮慈以鏡花水月之筆寫出濶大平實道理經營慘澹匠心獨運

赤爾何如　一節　　何焯

躋者以小相自居，猶若待學而能焉。夫宗廟會同，惟赤能相之耳。而乃僅為其小耶？且待學耶？今夫禮樂之為制其詳者在化民成俗之于朝祀之閒，止及夫儀章之數，亦罔乃承之者，備不敢以為曠闕方退處广因人成事之列，何其謙自下也。然其得君子風矣。昔求之俟蓋俟赤也。夫子亦以為善囊中必將有藉于出焉，因顧赤而詢曰：爾所為何如？而赤婉焉對曰：赤也內顧所能，而華國方未逞也，雖長者期之，其敢侈陳微尚乎？一條議所學而微公輔不敢也。然仕使及為其不惑心加肆乎？非同賓客與言風在夫子與許之中，而寧故所藏莫

不如其業習未頌俎豆齊聞稍窺夫子討論之緒而行人所藏咸得

原批　是○二○三○字○說○下○暗○村　末節　諸　法

預其未也明意者有事宗廟于在在者方今萬國之歡而隆宗祀于

○為○端○章○甫○句○挾○衆○　○守○動○相○字○易○不○至

明堂備大裕于清廟絲衣載弁之班何以使人咸頌吾君之有餘也

○複○虛○接○一○筆○闡○發○開○遠

固赤所講禮而非細者也則如其適際會同乎在上者方輯五符

之瑞而發禁以敬天懷旋政以代時巡朱芾金舄之列何以使人争

羨吾君之無逸也固赤所思薦聞而奄逝者也而流將何所為盛惟

○轉○知○爾○句○　○翻○新○魚○貫○無○一○牽○不○調○暢○

是知赤者偽以上長東魯觀見夫繡宮有侐之頌而猶類相駭奔哉

○不○敢○無○字○妙○

可因宗邦以推求其祭也于焉以赤求其志斯赤亦不務滿分而隨

○小○相

君舖卿敘以行齊邀福于爽懌然知赤者須以來學者於懸學夫不

能相儀之職而謂頗言莫諳亦可假儒生以靜鎮其間於焉以忝
攝其官斯亦遂欲佐下風而就承擯紹擯之後尚獲免于隕越欲一言
補出端章甫原非虛傳固是
相未易能也其小或可學也服則有端視輕裘之為褻冠則章甫之
束帶之為宜亦所願為如是而已願亦久侍列于宗廟會同誠未
知何如也吁赤之于禮樂深矣而所云願學止此豈非真得君子禮
意起處
讓之意者乎宜乎求之俟之也
差不失謙退語氣　自記
他文講完上二句方入宗廟會同語脉中斷矣非徒能字學字易
淵易混也賓客與言俎豆尊闕即將宗廟會同撥非曰願學語氣

本朝房行書歸雅集　論語

中融入滅盡針線之迹。中間便牽動相字。更不將宗廟會同語纔拗。後傷闕宮有倫不能相儀。入小相句。妙都是題學意思。通體呼應一氣。尤難在端章甫句。橫亘中間。易礙語勢。中間映觀後用補點。不漏不綴。此爲天衣。

赤瀚何　何

赤爾何如　一節　　　　何焯

賢者以小相自居。猶若待學而能焉。夫宗廟會同。惟赤能相之耳。而乃從為其小耶。且待學耶。今夫禮樂之為用。其鉅者在化民成俗。至於朝祀之間。止及夫儀章之數云爾。乃承之者猶不敢以為遑閑。方退處於國人成事之列。何其彌自下也。然真得君子風矣。昔衰之俟。蓋徵赤也。夫子亦以為吾黨中必將有君子出焉。因顧赤而詢曰。爾所為何如。而赤婉焉對曰。赤也。所願所能。而華國方來遑也。雖長者期之。其敢侈陳。微尚乎。徐議所學。而從公。猶不敢也。然任使及焉。其不悉心加肄乎。非曰賓客與言。風在夫子獎許之中。而掌故所藏。莫

分不什大題文

論語

不如其素習亦頗俎豆嘗聞稍竊夫子討論之緒而行人所職或得預其末光則蓋者有事宗廟乎在上者方合萬國之歡而隆宗祀於（原評：從天子說下，指付來節請僕，已伏相字）明堂備大祫於清廟綵衣載弁之班何以使人咸頌吾君之有格也周赤舄贊盛禮而俳何者也則如其邊際會同弁在上者方輯五等之瑞而發禁以歎玉幟施玟以代時巡朱芾金舄之列何以使人爭羨吾君之無逢也周亦所患薦聞而逡巡者也而赤將何所為哉惟（原評：分項無一筆不潤婧）是知赤者尚以生長東魯親見夫閟宮有侐之頌而謂顯相駿奔即可圖宗邦以推求其器也於焉以赤承其乏斯赤亦不揆猶分而隨君綢御嚴以行康邀福於奕懌幾知赤者尚以來學杏壇歷覽夫不

餘則儀之恥而謂煩言矣治亦可假儒生以靜鎮其間也於焉以亦稱其官斯亦遂欲佐下風而許承擯紹擯之後尚獲見於慨慷於一言稍未易能也其小或可學也服則有端視輕裘之為褻冠則章甫是（補出端章甫原評晚序四六）束帶之為實亦所願為如是而已願亦以侍此堂於宗廟會同誠未知何如也吁赤之於禮樂深矣而所云願學止此豈非真得君子禮讓之意者乎宜乎求之俟之也

差不失謙退語氣句訊

微婉頂樸神致既得運用典故政如羅錦增絢兼帶欵為潘文樂句雙美非俱猶信

庾信宮體子美歎爲老成由其文有風格也閻
朝隱麗服靚粧許景先豐肌膩理皆出其下
矣

秉爾何　鯛

赤爾何如　一節　　何焯

賢者以小相自居。猶若待學而能焉。夫宗廟會同。惟赤能相之耳。而乃僅為其小耶。且待學耶。今夫禮樂之為用。其經者在化民成（發上節禮樂節下）俗。至于朝祀之間。止及夫儀章之數云爾。乃承之者猶不敢以為遽嫻。方退處于尚人成事之列。何其跡自下也。然真得君子與矣。昔求之後。矣俟亦也。夫子亦以為吾黨中必將有君子焉。固須（就首句領全節意）赤而詢曰。爾所為何如。而赤躬焉對曰。赤也內顧所能。以整固方（逐字着筆）未逞也。雖長者躬之。其敢侈陳儀尚乎。徐議所學而從公跡。未敏也。然任使及焉。其不懸心而肯乎。非曰賓客與言。風在夫子與許

論語

之中而掌故所藏莫不如其素習亦願俎豆嘗聞諸夫子討論

賦法相生

之緒而行人所職或得領其末光則意者有事宗廟乎在上者方

原評從天子說下情對來商者後

合萬國之歡而隆宗祀于明堂備大祫于清廟絲衣載弁之班何

從問字

以使人咸頌吾君之有恪也固赤所願盛禮而徘徊者也剔知其

敘宗廟會同即帶起下二句無一筆罅漏

適際會同乎在上者方輯五等之瑞而發禁以蘇王職施政以代

時巡來帯金舄之列何以使人爭羨吾君之無違也固赤所思薦

恰何落出為字

聞而逡巡者也而赤將何所為哉惟是知赤者倘以生長東魯親

帶出題文字

見夫閟宮有恤之頌而謂顯相駿奔即可因宗邦以推求其略也

于焉以赤承其乏斯赤亦不揆譾分而隨習黼黻以行庶邀福

于兗擇歟知赤者倘以來學者嫺應荅夫不能相儀之恥而謂願
言莫治亦可假儒生以靜鎮其閒也于焉以赤攝其官斯赤遂欣
佐下風而託承擯紹擯之後尚獲免于愧勵歟言相未易能也其
小或可學也服則有端視軒裳之為褒冕則章甫著褒帶之為宜
赤所願為如是而已顧赤久侍此堂于宗廟會同幾奉知何如也
呼赤之于禮樂深矣而所云願學止此豈非真得君子禮讓之意
者乎宜乎求之侯之也

補出端莊字來原評曉暢可以

故泛

應起處

不脫首二以

起疏非曰能之二句即籠罩全節中敘宗廟會同即帶起為相
後幅帶定願學意作法縝密至詞藻之典贍更不待言矣　汪自南

國朝制義存真 論語 巳八 自得齋

辞與氣和雅、得疏退神吻。畫家所謂妙兼神逸者也。楊循士

歛才就法。題中虛實能到。設色飛動。運局工穩。如國手布棊無

一字是閒着也。九南吉

赤爾何如　一節　段巘生

聞聖問而後言所願、辟禽讓矣、夫使夫子不問、亦敢遽以禮樂對哉
乃其類學願爲之間、又何疑也、君子曰、是即禮樂之意云、且終始天
地者禮樂也、大之化成乎民俗、而精之根極乎性命、其粗在于朝祭
儀度之未、而其意恆維默流行于聖賢問答詞氣之間、當冉有讓
禮樂之時、遂夫子有赤爾何如之問、斯時也、夫子之屬意方殷、赤也
之立言愈婉、作而同禮樂因必俟百年而後興禮樂、又不可一日而
或去、君子精其理、常人亦習其器、而赤也何如哉、其無體無聲無處
而不流者、固未獲窺究也、其有情有文、隨事而可見者、亦尚賴講求

由求錫勁頓字

也夫赤亦惟是拔置閒散故得以優游養拙耳如或知赤〻方將退
食肆業焉敢以未能而方學者知之弗顧乎哉有如禴祠蒸嘗之類
事在宗廟朝宗覲還以外又如會同妄以未能之亦授以顯相之任

眞字一呼

而赤也何如哉存而不放嚴此心于[illegible]服法冠之中而有嚴必謹也
臺而後入置此身于末擯末介之後而有事必問也夫赤亦惟是陪
列侍從故得以廩祿因人耳如不量赤〻方將辭謝不皦焉敢以端
而章甫者畢務能事乎哉蓋非曰能之而神人交會大典之煌〻者
則願學焉既願學之而駿奔趨蹌小相之職〻者則願為焉赤之酬
知國以此也夫子以為何如呼赤之言如是〻真得禮讓之意者

本格甚奇。對照爲國以礼句。與補發礼之原本處。更覺目光如炬。

陳渝州

着眼兩頭字。爲子華氏寫生。所謂自似則無不似者。拱手爭從宗廟會同揖攘政後何關妙處。

赤爾何　段

赤爾何如　一節　高宸

飾詞而處於小其得禮樂之益者也蓋赤固能朝廟之相者乃不言能而言學不言大而言小此即公西氏之禮樂已昔者聖人之以禮樂教天下也匪文之講特抑其矜也匪節之嫻將平其躁也得此意者而無矜志與躁心雖勝任愉快猶且遜謝未遑識者以為不必靦共事來始知其為華國之選即徒聆其言論而已宛然大雅之風矣求所云禮樂俟君子蓋俟赤也謂此乃赤所能也維子亦謂赤果有能也是以紬求而即論之也然則赤直曰能之而即慨然為之已矣乃赤則遜其詞以對曰人之敢名禮樂者必其能是事者也而赤

之思為禮樂者則方學是責者之九々二十學禮十三學樂以來褅
服與絺縵褻非夫子訟訓哉豈於今而忘之然而循牆而進退未足
以黼黻乎太平也彈琴而絃歌不可以鼓吹乎明盛也亦今者雖儒
服儒冠尚與吾黨小子群落々於洙泗之濱乎間嘗讀禮至祭義祭
議與夫明堂玉藻諸篇而願言則懷未嘗不欣然神往也則試懸想
其事一則事在敬祖而禴祠烝嘗或分薦之於四仲也禘毀壇墠或
給享之於三年也奕奕宗廟而七獻之禮六佾之樂何其重以弘哉
一則事在尊王而千八百國有不庭焉時事于以來格也十有二年
有不迎焉同軌于以畢至也會同有繹而九儀之禮三夏之樂何其

爵以皇哉二夫典之隆者儀必偉地之肅者範必莊故有被短褐於俎豆之旁必以為褻矣有服澣濯於衣裳之會必以為陋矣而司服所掌弁師所造見有廣袤相準衣袂相均者見有冔收並美委貌為華者設也衣元端冠章甫試典駿奔而翱翔赤其自命何等哉意者宗廟之中恒列贊采會同之側不乏行人是皆相者也赤備可與此儀此殺乎而典禮者有小宗伯典樂者有小司成赤亦不敢濫云顯相也幸為相之小者差展所學焉願亦足矣既東周之式微自來雝之頌廢而列邦不貢士於澤宮自載見之詩亡而悍辟解覲頫於堂下猶得賢公卿娓娓其間而謅饕饗以賦共主俾包茅必供縮酒而天

夫子先王人庶幾周禮猶可觀乎以則赤之有志未逮者也傷吾魯之寖弱祭雖寡人而公臣至於不能具三耦朝于盟主而内臣至於外諧其忠貞倘得良執政輝煌其際而扶統紀以戴公家俾既淮罔歟濟容而相朝無散見止庶幾秉禮尚有瘳乎此又赤所中心藏之者也要之赤之願為是事也即其願學是事者也而敢自詡其能謬附君子也哉吁觀赤之氣象謙和固不待躬相廊廟早知其得於禮樂者深矣

援引典確書卷之氣洋溢行間　赤爾　高宸

赤爾何如　二節　涂學詩

志禮樂而婉其詞聖人獨與夫異者焉夫志在禮樂亦之願亦云奚而子之所與乃在異撰之點也思深哉且人生之出處豈能盡出一轍乎出則見之有為朝廟之中相需亦已久矣處則有以自樂性情之際相賞豈無故乎即如求之言志也以禮樂俟君子

淡淡着筆題已能事無餘

夫君子之名亦未可以一格求也士誠自命卓然寄情高遠豈必彬彬者為君子而落落者非君子乎安見明備可期者為君子而肅穆自[illegible]非君子乎然而禮樂者亦酬知之一道也亦爾何如子誠以君子望之矣舊章而浸廢矣惟賴此翩然任士以諧廊廟

錦囊佳句片片清芬

論語

諧香書屋

諭詠

之老乃亦也矣志修明而有不敢上人之意雖々寄比禮而比樂
也諒為當如是耳相鼠而有識矣惟恃此博物才人以助文
明之化乃亦也職司大典而有不敢自是之思煌々乎禮中而樂
和也號以卿材良不爽耳宗廟會同而自附于小相亦之願是即
赤之能也使赤也克如所願一旦以坐而言者起而行是不特由
山斷林泣水窮雲起絕無接
之有勇求之足民可相助為理也即以士之蕭然高寄而無意勳
本々秀々花之迹
者亦且陶焉淑焉化其放達之情而于是乎觀禮而聽樂也而
就知異撰之點終有不得而強同者或曰點鼓瑟而希々而鏗爾
得樂之遺音焉或曰點舍瑟而作々而言得禮之遺意焉而要之

點無心也點自異也何異乎異莫春耶異童冠耶異風浴詠歸耶（點次如輕兒戲浪）
不然何各言其志而點自異耶乃夫子則有以埶之矣曰用何得
一樵非會心人不能多取之天地耕而食也鑿而飲也懷其風而
風已古矣何幸于几席間遇之點真吾徒矣與時偕行之素非達（鶯燕和風在人襟袖）
覩者不能取給于當前老已安也少已懷也存此願而願未酬也
何幸下勝對聞喻之子誠心許矣子之與點與其異也與其異乎
自求而據是乎赤也甚矣志之不妨于異也不然春風沂水之間（結尾筆下香更覺雲氣縹緲）
以宗廟會　則非其地以小相則非其人其于君子之禮樂固渺
不獨與矣我夫子身為禮樂之宗何以喟然嘉嘆者不在華國之

善香書屋

材而在異擬之出也哉而點于此尚悠然有餘思也

虛實　參極其致連日靡〻欲睡中令人惟案而起〇如入桃源衣冠皆古如遊石屋巖空玲瓏異境獨闢盡文章之樂事

原評

擬之處　上下點染運題處妙于點化靈心妙腕匪夷所思

亦顧評

赤爾何如　節

江西內宗師科入無錫一名　侯　晁　本姓俆

賢者以禮樂自任而大典藉以光矣夫學禮樂者君子之事而宗廟會同則禮樂之大者也願為小相赤故以未能自謝哉且士生三代以下動懷隆古之思苟徒以固陋自安甚非所以襄盛治而光鉅典也况吾人姿有不可必之遭而未始無可自信之具其具在我則雖窮居常有儼然置身于朝廟之上而豫籌之詎同託之虛言者無當于實用也即如冉求以禮樂俟君子固非謂赤邈足以當此而或窮在吾黨中被服儒雅將必有起而任之者及夫子之進而論赤也赤果以願學禮樂對矣以[illegible]其意乎自矜其有餘也制禮樂者帝王議禮樂者君相其事甚闊世邈然隆深亦也幸生其間方慮以草野

題截處神中生落脫下

有思致

溫厚有思

之躬爲盛朝之所儀而頌儀然自見爲一代之能也亦則何敢又莫憲乎
自居于不足也內焉礼樂可以淑身外焉礼樂可以善俗其事固不
徒粉飾之具文亦也遂已自維正欲以於須彌去臻陶冶之雅化而
僅退然自遜焉而學也亦又何敢且亦嘗念夫礼樂之盛時而不禁
慨然於古之王者龍旂承祀六服羣辟罔不執籩豆駿奔走其礼則
牲幣之秩秩也其樂則磬管之鏘鏘也而且聖天子當陽輯瑞或以
時見或以事與一時之來朝于京師者有圭璧庭寔之礼焉有湛露
蓼蕭之樂焉若是乎礼樂之大者其惟生明盛閒乎亦是以有懷夫
宗廟之事以及會同也夫宗廟何地固對越森嚴之地也其君端冕
而臨其臣奉璋而列頌來雝而歌止肅其在斯也至於會同何時固時

黼黻容睹以從隨玉帛之列趨走羔雁之班覩風采而慶羽儀其
在斯時矣而赤也設遇其時處其地其將以朴遬之容被不褻之服
與二三同列左右吾君乎而非也衣則唯端其色稱之冠則章甫其
制宜也雖不能講求有素儀度未敢或愆而恒惕以隨趨于廟堂者
聆修于禮樂是故敬祖惟是尊王惟是與黃重焉赤雖無能乎亦願
以冠佩之班容階趨介之物而已矣即今者若阿非戀和見求審何
斯更恐以負慚于禮樂者取說于君子是故廟享有事朝見有制
莫隆焉赤雖未嫻乎亦願以禮結之淆常附趨蹌之後而已矣願為
小相亦之酬知者以此然則赤雖末敢自謂君子而即其廊廟周旋
有光大典固足當君子之稱而無愧云云

題面無華題情婉轉點綴風華場中[illegible][illegible]而文氣滑之矣

第十三冊　卷三十九

赤爾何如　詠而歸　鍾山書院韓山長生考

會課一名

學問重禮樂之才、而異者獨得其意焉。夫宗廟會同固禮樂事也、若點之維々作止而時行則行意亦豈異乎且禮樂之事無處無之出則行乎朝廟之間而處亦不離於日用之際是故推所同於人者其言固旋而多風而領其異於己者其意尤翛然自遠也求言禮樂俟君子豈真以禮樂為異人任哉夫雖服喪禮也夫曰有作止之儀操縵安絃吾黨可不乏詠歎之適維時杳遐之上彬彬禮樂才者非他人則赤也求之所俟意在斯乎乃赤承于問而果以宗廟會同對矣居琴書之側而為念於降儀能則非也學云有

直省考卷所見二集　下論

願則使其發於事業何難沐膏澤而樹風聲當肆業之餘而留心
國典言有相也小戒庶幾則即其臨以肅雖疇弗詠儀刑乃歸
大猶不忝之志如此其視由求之故爲有異乎抑將無同也且夫
禮與天地同節大樂與天地同和達之而四時行焉推之而萬物
若焉此能此宗廟會同而於而準焉者也而亦於此固有志而未
達之若夫無體之禮在神明無聲之樂在氣志洪然者固事而詳焉
悠然者適而安焉此不必宗廟會同而賦而行焉者也即三子
於此不皆習焉而不察乎哉當是時三子之言已罷而點之鼓瑟
方希乎顧而聞焉點含而作焉蓋觀其氣象之間固已知其撫之

矣服不必端也當莫春則春服可也冠不必章甫也野服亦然
季子可也因乎時同乎物以是為顏淵云何日能翻然不必宗廟
也沂水舞雩可也事不必會同也風浴詠歸可也俯而察仰而觀
以此言能亦自返躬可信憑點真異矣天高地下萬物散殊而點
之微行爲流而不息合同而化而點之樂生焉亦雖號禮樂才哉
孰若點之能得其大意也此所以三子各言其志而夫子獨於點
嘆與也
多大處落想而題位適與相柔採菊東籬下悠然見南山心跡
故自不凡觸手都成天道

直省考卷所見三集　赤爾何　秦　下論

○○○赤爾何如　一節

李學院科覆取德化縣學一等第三名　許秉義

志禮樂而詞益遜真有得於禮樂意者也夫宗廟會同之禮樂赤豈真未能而猶有待於學耶乃承問而以願為小相對也斯真得禮樂意哉嘗謂聖人之門禮中樂和之宗也身通六藝七十二子之徒雖不彬彬知夫素稱華國之選者哉乃承其旨者其貌謹其言恭一若朝夕之間贊襄實難猶謙讓若未遑焉識者於此知其被服於中和於深矣即如公西赤非夙嫻禮樂而克稱為禮陶樂淑之君子消息在昔夫子亦嘗以東帶立朝可與言許之然則以斯人也而負斯才也雖設相天下亦惟天子使矣豈不可毅然

道常而使朝覲會光君親取重寧僅區區焉以小有自爲乎哉乃
爾何如之問一以未能願學爲對也則何居赤甞以定禮樂如夫
子而覩禮樂極下倚謂學之者聘論樂於年貫循習學之甚弘既
達禮樂之原尚淵建業之功況赤所志禮樂而奏遠則不學難張
必不能安禮不學操縵必不能安絃欲附禮樂之選寧辭講習之
勞歟曰能之而無待於學即竊願學其有事於宗廟焉夫論祠祭
嘗典至重也況三年而一祫五年而一禘其所以報本追遠者皆
仁人孝子之精意果何道而能誠和敬交孚情文兼備以無貽息
神恫也則宗廟之事可弗學歟竊願學其有事於會同焉大[illegible]也

辟王制甚鉅也況國中有事列辟以時而來覲王不延佇六服
執而畢集則此日之肅肅雍雍者皆天威之不違顏咫尺果何道
而能使威儀畢備度數周詳以無貽寡君羞也則如會同之制可
弗學歟若是乎宗廟會同誠為禮樂所在而未易以勝任而愉快
者也當斯時也設有衣澣濯之衣於俎豆之旁則以為褻矣設有
冠太素之冠於殿陛之間則以為陋矣夫禮樂既極其輝煌而冠
裳未昭其赫奕其何以增光於朝廟而服重於君親也哉爾時備
有知赤者用是服元端之服焉夫絲衣其紑詩人之所咏也以赤
也而服此禮服雖淑人君子其儀一兮曹風固未款期而將事趨

蹌庶幾清廟明堂之中幸俾吾君得藉以無失禮焉耳用是冠章甫之冠焉夫賦弁俅俅詩人之所美也以赤也而冠此禮冠雖温温恭人維德之隅此風固不敢擬而恪共輔翼庶幾駿奔在廟者神歆其祀作賓王家者君無獲戾焉耳願為小相赤之願學以副知我者如此要之禮樂之事赤所事長者也一承子問猶抑抑焉不敢以所能自矜而必以所學自絶其不自居於君子者正其善佩服於君子者也顯相之才赤所素優者也自承子問猶循循焉不欲以張相高出人先而必以為小退居人後其願奉君子為依焉允有志於君子者所當儀型者也故曰志禮樂而

盆滌真有得於禮樂意者乜

典贍矜貴擲地金聲 原評

赤爾何 許

赤爾何如　二節

雍正甲辰廣東　張蚪

以願學酬知其異者獨埶聖心矣甚矣赤所願學猶從乎同而點之
撰獨見其異也夫子之與之意深哉昔夫子少陳俎豆夙負禮樂之懿
挽合上下節節爲下節與
長切瀾歟不終攝相之治吾甚嘆其志之莫與酬矣然而夫子不以
無撰子
有心與也雍容華國雖或得之意中之相期而卓犖爲懷或更出乎
剔通點字
意外之相賞斯聖人之志悠然遂與俱遠耳請綜求而觀赤與點之
志今夫志所以行其學也原不必求異何妨從同然而志亦所以明
挈下節　挈古節　不脫赤異[illegible]
其撰也原不能强同何嫌獨異將以求所讓之禮樂而點獨鼓瑟者
摘下以跌入赤點撲跳脫飛騫之勢
終敢謂赤其遽當之哉辱承師問而對以宗廟會同未能曰願學

○頭○筆○即○為後文與○字張本
情何御也束帶立朝早擅文章之藻豈其儼對越乎神明而贊禁章
○頭評二比○輕按上節留字○面任發處一下節對照○
牲歆然駿奔之莫遠翮乃褒馬父著爾雅之稱豈其漂天顏乎咫尺
○晴○應○情○何○御○也○句○以○打○通○一下○
而形弓湛露尚云肄業之未遑毋亦以皇然不及者勞學問之深謹
○節○與○字○　緊○起○與○字○　○頭評即借勢○攝發飛騰方
見性天之濟從夫寧不足見與乎夫子者而夫子所與頭不在小相
不足顧○題宗敘
嗚謙之赤而獨在作止從容悠然世外之點也不幾與向者酬知一
闕○帳○出○下○二○比○妙○在○同○異○二○字○不○是○安○知○其○來○
關相刺謬哉一而不知君子之於用舍行藏也從其同亦從其異從其
○可○悟○前○路○聲○破○是○妙○
同則無論亦同于求亦同于由事功矣諸異日而吾性吾命之酬酢
○上○從○亦○字○從○異○接○到○由○
于當前者其取携不既少乎從其異則無論點異由求并異于赤性
○此○從○點○說○仍○找○到○赤○求○惟○兩○節○實○呈○秋○然○而○下○節○三○子○字○各○自○俱
分足于當前而斯人吾與之於對于襟期者其所見不尤大乎以是

濯濯毫端頓挫宛透點染花雨節奏詩不窮

酬其所志則何必元端章甫也有春服焉亦既成矣何事願爲小相

也有童冠焉可與偕矣何事宗廟會同之風浴詠歸足見志矣更何

事謙居未能願學也舍瑟雍容悠然自見乎言外矣點縱一言從乎

六句揔包在莫春內

三子之撰而莫春庭廟禮樂之拘乎能不喟然與也哉造物誠何

不盡之藏而上蟠下際莫非所性之流行也禮樂之儒遂此風期矣

斯人自有莫解之情而民胞物與不外當前之日用也贊襄未濟豈

即如願乎一然則予殆以春風沂水之點廣赤者亦并以廣由求也夫

上下分還截發自是正局如懸梯墻傍壁正恐轉身一步倒矣此

墨出奇制勝正在中間但其針縫甚細架橋通隔岸山斷得雲聯

近墨元魁秘笈　論語　赤爾何如

王硯亭　張

不然而徒陡筆換越。無庸也。

一分截回是正鋒。而下節添出與點一嘆。則又題中天然波瀫。非見題之得間而入。即用偏師制勝者比。此正也。非偏也。

李學憲歲覆取惠安學一等一名 陳大玠 正白 宗

赤爾何如 一節

萃國之英謀以禮樂自任焉夫宗廟會同正禮樂地也赤以觀學自謙以小相自任不彬彬然得禮樂之意哉且國家需匡濟之選、當彊當深以陶淑吾黨多經綸之選禮樂豈讓乎兵農乃同堂考業既不嫌長以誇吾友復不過遜以負吾師謙也而非以服習自諉任也而第以恬退自安知其陶淑于禮樂者固已深矣知君子之俟求正以豊樂俟赤也乃赤承夫子何如之問起而對曰盈寧而有慶矣春酒以介眉壽歛卹以報土功禮樂乃足民所必需也赤敢自謂能哉而夙懷彬雅覺衣冠文物之會何時盛事而得獲

[illegible]

[illegible][illegible]由総

躬逢巍環而既適矣柱下曾諮于老聃列國亦訪于萇弘禮樂之
遺隨所竊聞也亦敢不以為學哉而素慕從容覽玉帛鐘鼓之傍
何日刹見而得聆餘緒一今尋夫子問夫子固以宗廟之事期赤也
我周建都鎬京以來七世之廟可以觀德即分地建國別廟稱宗
列侯之享祀詎非王制所式憑乎將見端冕垂裳愛則存而慤則
著著主饋孝孫也而禮有七獻樂有六舞度數以昭其辨問狃於
苾芬之側誰實輔之使禮儀卒度以無貽寡君羞歟髦士之宜焉
幾無負哉夫子又以會同之舉望赤也我周卜洛定鼎而後千八
百國觧瑞來朝亦時見衆頫曰會曰同六服之肆覲詎非王璽所

歷試草

褒衮乎將見凝旒搢笏承天寵而凜天威者伯叔甥舅也而禮拜
堂下樂奏肆夏等威以昭其分問揖讓周旋之際誰實佐之使弁
豐莫忽以無遺寡君彝鼎璋圭之光庶幾生色哉赤也於此答衣
裳之在笥元端是服謹北面也飭奇邪也幸傍山龍藻火之餘輝
黼黻弁之俅俅章甫是冠華不靡也費不奢也竊藉七玉七旒之
壯采爾蔞且敎琢之章而有懷欲吐詠約軝錯衡之什而有志欲
律詩歌所載乎居之偉抱將誰告乎一旦有知赤者赤果何如哉
匯曰文采風流足動四國之觀瞻也念自十三學樂始冠學禮久
抱從公之願今若明堂之宗祀方岳之時巡厥典煌矣猶幸陳於

晉魏之前而徵叅乎末議隸春官于宗伯而職有攸司列聱宗干
太常而權有專屬官禮所垂匡居之考據將誰酬乎一旦有知者
者亦久何如哉匪曰駿奔左右僅邀備員之光寵也念自郊禘非
宜述職已廢久懷復古之碩令者分薦之與合食朝宗之與覲遇
厥制鉅矣猶幸窺于制作之本以力挽乎時趨碩為小相為赤之
酬知以此未審夫子以為何如

大師相李學院老夫子原評

典雅華麗堪為應制鴻裁

陳 赤爾何

赤爾何如　點也　　黃越

於志禮樂者亦無與也聖人之所與有故矣蓋赤之志不異於由求不同於點夫子亦不聞與之而獨于點喟然也此其與之之故不可解也且夫聖人之于人也取其學乎取其能乎取其學而能者之足以事天下之事乎夫且必事所事也則必不以無事為事則必不以無所事者為足當用世者之事則必不以無所事事者之事為足當有意用世者之心而聖人之心固不可測也則吾見其舍由求而更及亦侍坐之次赤居其末斯時尚當有先赤而言者彼不言赤不敢先言也然而子欲有言赤何敢不言言及之而不言快非長者之

粘與字側捲上節劃清脈水

轉得不測

筆下郁況躍

來句筋脈緊

与點

所許者點即言及之而言其遂為夫子之所許乎不聞許其服法服（即契与字作綫）

冠礼冠駿奔于宗廟者之為何如也不聞許其服法服冠礼冠贊襄（斷帶点過）

於會同者之為何如也于小相而曰非能亦自謂非能而已曰願學（頌下體上一齊過峽）

赤自謂學而已斯時之赤與先赤而言後赤而未言者群相与观（打末句玲瓏）

夫子夫子亦復默然不置一辞也但見其舍赤及點曰點尔何如云（叢襍不作一滯語）

尔夫點誠何如者點之意中若以為點之志可無學而能而不以言

也夫且鼓瑟夫且舍瑟問而後对对而仍不直言其撰也必矣夫子

詔之而始正言其所以異莫春數語誠若可無學而能者而吾不解

夫子斯時何以喟然而嘆而獨于點有与也与其暮春春服之与時

逢協乎與其童冠偕游之至。擇于五六人。六七人乎。與其且浴且風

俱思帶点法

且詠之可行則行。可歸則歸乎。誠若是也。則彼殷殷然以宗廟會同

頓跌如游九

之之事爲事者。不且疑其非所能而能。非所學而學乎。而夫子素之言

也。吾恐亦聞之而不解其與之之何故也。豈惟亦不解。由与求亦並

不解。而吾正恐爲所与之點。亦或索解不得。且奈何

去路都妙

紫韁花手。遂電追風。覺遮路乱花。左縈右拂。不礙其跑走。

刘周梧

有提掇法。有消納法。有瞻顧法。有補綴法。有鎔鑄。全毀成一片法。

鴛鴦繡出。度与金針。

赤爾何如　一節　　董行

賢者志於禮樂之事、因聖門而備述之焉、夫宗廟會同、禮樂之事也、赤承子問而以小相自居、詞雖謙乎、意則實自任矣、今夫禮樂者、若予不可斯須去身者也、儒者閉户而歌先王、致遂樂中一以愛知當世匡勸人國、頌弗能黼黻文章、俾朝廟神人之間藉以生色焉、將生乎所學何事乎、此文釆風流之選、即在吾黨猶以為難、而惟深得乎禮樂之意者、為能與於斯也、一如求之以禮樂、未能俟也、俟君子乎、俟赤乎、然則繼豊亨之後而澤以詩書、承富庶之餘而發於大雅、與其乎非問之赤而誰能乎哉、要也赤承夫子何如之問、而不禁躍然動

李學院歲覆晉江縣學一等第六名廩

也作而曰赤今者嘗竊有願焉思夫禮樂之在天壤也其理本深而
難盡嚴中而陶和事在性情之微移風而易俗道在人倫之大赤固
不敢以荒疏無據者自躋於大雅之林然以禮樂之切吾身也其功
則願而可漸理其心志以協於和平之休定其筋骸以束於範圍之
內赤又何忍以怠棄為安者自外於風雅之林是故禮樂之事謂赤
其能之赤則未敢也謂赤其學之赤則誠願也夫赤今者惟是知音
未遇故得優游洙泗間耳設也世或予宗夫子克展東周之素而赤
亦得仰藉末光願身弼廟用以贊君行禮將見有事於宗廟焉相禮
者所必度也有事於會同焉相禮者所必肅也赤於此將何以為應

也。黄一誦閟宮有侐之篇而知駿奔對越先公之靈爽於是乎憑焉而今之陂時以臨者何太無畏乎甚矣稱任之難其人也夫郯膰不致從流去國之轍語及宗廟蓋多絕吾黨之跡矣設有知赤者出焉撰以赤為東魯之儒肄雅多風而秦壯贊幣俾赤得以元衣皁冠追隨於君獻御撤之後亦唯是執爭有恪廉不至以懲恫者獲展先靈也斯則赤之所有志未遑者也讀載見辟王之章而知玉帛數盤友邦之明信於是乎昭焉而今之鳴玉以相者何關於社乎惜也贊佐之非其人也夫萊兵一劫空傳夾谷之盛語及會同亦殊傷吾黨之氣矣設有知赤者出焉謬以赤為習禮之家儀文必嫻而象顯殷見俾赤得以法服禮冠竊附於承擯紹擯之列亦明是周旋周陞庶不至以隳越者貽寡君羞也此則赤之所私心願慕者也蓋君子愛人家國求問所為先視所學故置赤於干戈擾攘之中未必有效而至從容俎豆之學或亦可強而應儒者內顧一身知不知猶聽之人能不能贊襄之凡故任赤以家室盈寧之奏反非所優而至贊襄玉帛之嘗或亦可勉而能所此赤之志所為因子何如之問而備述之者也而於自任中寓自謙之意彬彬禮樂不即此見其一班哉

李學院老夫子原評

清新俊逸鮑庾之遺

依原評點

○○赤尒何如　節

福建趙　太宗師歲
考建陽一等二名　詹王度

賢者欲以礼樂酬其知有遜以出之者焉夫赤固優於宗庙會同者也乃遜為未能願學則其願為小相也不已酬知有具哉今夫國家之爭礼樂不後於兵農吾党之才文章足以飾吏治則典制服習之端不可謂非吾儒酬世責也乃有以垂国素著之彦於典礼已為所優為而猶退謝不遑抑焉有以自下雖其辭甚遜其遇有待而已不慮應世之具本矣如求以礼樂俟之君子然則何人能任之哉夫子繼而有赤尒何如之問蓋深有望于赤也嘗思吾人平居窃嘆期置身於庙廊之間曰將以表乎制度也治身既臨其際而縮縮焉處之不戋以制度未嫻者貽訊應世之具歟抑學者夙昔感慨輒欲居乎制作之班曰期以羽儀

氣度安閑

試牘

試帖

之又得宴以用世過激者罰懺

王国也當躬未處其間而之嘿、

儀度未善歟此吾所以因夫子之問而有非曰能之願學焉之對也其

或從事於宗廟之事願以昭禋祀以崇尊親匪細故也其或致脩於会

同之制願以答聘問以大尊王甚盛典也使亦於此猴然以布衣素冠

之度蹐身於其側是外典則以取戾也是委儀度於草莽也回思向日

之慊慨而願學者胥焉不可自問矣煌、鉅典安敢褻之亦於是端章

甫焉有事於親亦得与於宗廟也司祝司豆別其事為祼為獻別其儐

倘閒越貽羞負祀典乎負用亦者耳雖崇祀先公之典亦也未得逃之

其側然修明之在世出而後知之佩服之在心不必出而後知之也渺

予怀何日忘之亦亦寄之寤寐而已矣有事於君亦得与於会同也

朝聘燕享有其制時見衆見有其節倘疏略致譏負王制乎負知赤者耳雖致修尊王之規赤也未獲驟與其事然儀章之外舊用而後見之而典則之内求不必用而后見之也悠悠斯世誰寔司之赤亦聽之遭逢而已矣不相之職曷敢任之赤亦以願爲焉耳而豈以願學未能有負於夫子之問哉赤之酬知者以此

趙太宗師原評

秋水爲神玉爲骨文之氣体似之不獨以典麗見長

依原評点

赤尔何如　節　　　　　　福建趙太宗師歲試趙　播
　　　　　　　　　　　　建陽縣取一等一名

賢者不遷以礼樂自任欲以寔學酬知也夫礼樂莫重于宗廟會同赤不見為能者正不忘所學也小相之為其無負夫子之問耶今夫国家之养士選能惟期有以報君父儒生之陶情淑性務寔有以荅尊親非僅修言遇合也盖有學問存焉故居恒自命恩澤躬于尔稚而涵濡未至徃、拖迂踈之術不足以輝映于朝廟開斯望聖人所望于華国材欲抑當深考學問不可以苟焉已也如夫子于由求之後問及于赤詎欲以由与求之所能者責之赤亦欲以由与求之所為者任之赤耶而赤竟何如也其对夫子為皇然曰人各有能有不能赤則何敢自謂能也思折衝安壤無改于雍容俎豆之忌固不僅与由争能于韜畧之際然

試牘

氣象商皇

溥左氏之腴

試牘

康阜盈寧猱遜妥怨不争之化又何敢与求較能于礼樂之間哉然而赤囿妥所能者赤殆有所願矣聞尝考王制而知太祖昭穆所由分讀祭法而知郊禘祖宗所由辨观周礼大宗伯而知朝宗覲遇所由隆煌煌乎鉅制也彼儒者博採礼儀恭稽盛典欲自附于君子之後唯學之不可已云願學惟何一于宗廟見之籲䕺亦云有荐矣而唯祖功宗德崇報以升馨可以宗廟之事概之僾乎其有見也愾乎其有聞也牲牷芬苾之旁所藉以妥訒儇越者何人乎又于会同見之一价亦遺齊盟矣而唯剖符輯瑞奉命以来王可以会同概之時則有時見也時則有衆頫也載見求章之列所賴以妥失拜稀者何人乎當此之時玉帛釆章昭其文也朱干玉戚昭其數也駿奔左右揖讓周旋昭其職也設也

蓽斧國陋泥古之道拘今之制不獲邀隸于明堂清廟中亦用自賢耳即有被服乎溫雅履蹈乎中和而知已筌人坐令所學為寔用君子未嘗不心傷之頌赤也蕩乎以服則端也以冠則章甫也竊有願焉所願學者在是則所為者亦在是小相雖微又烏可以辭耶赤之酬知如此吾因之有感矣周為大宗九廟其皇乎魯為小宗閟宮作頌乎議礼而與樂必推稽古之儒而不得以一寔所能者謝不敏焉特其常若不能而思學其心固如是也戚之岐陽西周之會同欽宣之車攻東京之会同欽礼禕而樂英斷推博洽之彥而不得以素所未能者遜勿遑焉特其有志于學以求能其意非敢安也夫大雅不作而盛事仍存吾党知遇雖艰而寔學可报朝廷故斕礼樂之文者可于宗廟会同徵之而会

試牘

礼樂之意者何必不于瑟希鏗尔中遇之也于是夫子不能忘情于點

云

趙太宗師原評

經〻緯史而佐以排山倒海之勢煌〻大觀也

赤爾何如　相爲　　　　蔡其默

於三論得華國之才即遜詞可見志矣夫有事于朝廟而服厥服也
羲厥任也子固知非赤不可而赤亦竊有願也特因問而微遜其詞
耳且古天子登良選俊其有通經學古嫺于國典者則進之世儒固
陋之不觀衣冠文物之盛有其布素以老坪而高言遠畧者又將軼
大之必易大樂必簡之說以文其迂踈究之循虛聲而鮮實效
知彬雅之儒嫺習有素者為能瞭任而愉快乎然后其心平其詞婉
矣內求言志之下子安能不次及之哉四郊多壘邦之辱也亦既奮
武之有人矣使進軍旅而講揖識十月徵矣　之侯　廟歸時錫矣

科試錄　下論　覆試二名　福清縣

而告成于王介胄在躬周旋無餘自祭何迪茀不治此之證也既

戍之有象矣使因康保而進沃宍藉穀登矣而為飲饗民生遂矣

報最簿書久困都雅不知則奈何諭志及亦洗千亦欲以奇之

九淵富強所不逮耳雖然亦其敢居然君子而自命為餓鬼夫事

不係朝廷之大人或譏儒生之鄙而志不酬吾身之安人又訕我學

之迂今夫禮至無文然至無聲其事洵美而可尚乎然而學為而志

不逮志為而才未見百年後興之說猶遠而不可為也意者惟是較

古雅尚雍容肅嚴文　乎蔚為國華其燦然古君子之遺風乎復不風

抱此懷有如弗克亦請自白所願而予試察其所學學之則當懸想

其盛爲古者圭瓚錫侯國始鬯蘋蘩其歲舉乎右亭明堂以旌志也
自祊所埋瘞之舉不脩而嘉禮委諸草莽欲問古事孰能道之者矣
獻禮六而拜樂三當世名大夫也其在珠槃玉敦識多故典乎赤心
識之因而思言功之制當時列侯入覲天子之都者會同脩繹又何
英盛乃著河陽狩而共主奉以空名大隧請而東周等之若贅三年
五年龍優間覲頫之儀矣夫廟堂之上四方於此禮觀爲萬姓于此覲
匯爲使澂明禋肇舉孰觀齊稷匡時之文使非車書畢集孰合祇仙
□易之好野祭黃冠之隱也難與觀上國之光矣今故有思天宗廟
會同抑學之則思致身其際爲士人庶錫命之遑步章身窮無具

科試錄　下論　第二名　福清縣

乎帶裳幅舄昭其度也自紫綬綿[illegible]失不[illegible][illegible]纓[illegible]訊[illegible]下[illegible]法服誰其稱之者夫謹委舞而[illegible]儀一所稱賢士大夫也其在國家大典謝同章布乎赤心樂之因[illegible]念他日得志書生而膺介儼之選法[illegible]相之職差堪自任將見穆皇蒞而濟蹌于几筵之下奈愚瞻而奔走于韋辟之前俯仰廊廟安得弁鄙以濟濟也夫冠裳之際禮于此辨得失為樂于此辨隆替為使非相君而義義奉璋孰為憂省于彝鼎牛羊使非相君而倸倸戴弁孰為脩好於犧牲玉帛進浚諸冠之陋也雖與重邦國之望矣亦啟顧端章甫而為小相若夫多才多藝以事鬼神講信脩睦以輯隣封當世類多溫文之彥奇不敢過

謝其所能惟是謹周旋以無隕越亍已登厥進及以無忝羞於寡君在赤亦有一長之美而何敢厚誣其所學赤之志如此所以身為儒者無擅尔雅之稱出而酬知不媿行人之選由求以外如赤者曷可少哉

劈對工力悉敵吹開闔俱有實義可稱資學兩優

赤爾

蔡其默

下論　謂二名

福青系

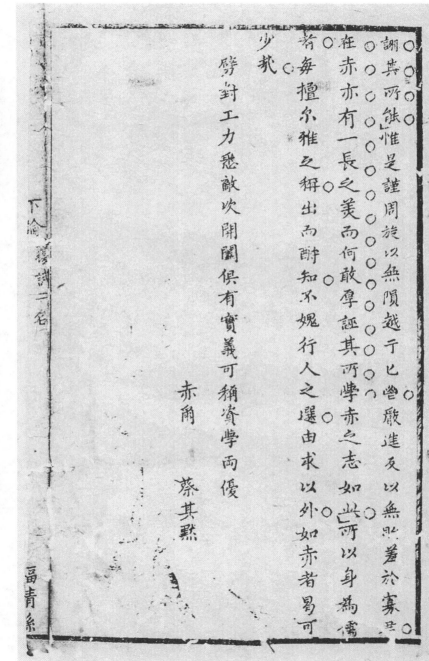

赤爾何如對　一節

蘇州李二府季考府學一名　潘葆光

觀賢者之所願為，猶不敢自以為能焉。夫宗廟會同，惟赤能為之相耳，乃猶以為願學焉，何其退然於夫子之一問哉。且赤之在聖門，彬彬乎禮樂之選也，朝廟之間，赤誠為之周旋進退於其間，非其所甚優哉，何以承夫子之問而猶若退然如不勝也。赤蓋以為禮樂之道，揖讓相先，黼黻衣裳之會，不異乎詩書琴瑟之旁也，囂然而自矜，彼廟明堂，豈有此度乎，而何敢自以為能乎。禮樂之意，斯須弗去，威儀玉帛之文，不離乎恭敬安和之節也，儆焉而自任，蔚於走趨蹌，不將滋隕越乎，而何敢遽以為能乎。假令赤以為能也，一旦而宗廟

句字六處皆虛

有事矣袞冕以祀先王鷩冕以祀先公而綠衣載弁岸亭亭其在劍
矣儼然進赤而詔之曰爾其夙媚俎豆乎凡茲奐牲薦盎詔祝送尸
翻題樣字
寡人將執幣從焉儼在天之靈恪在廟之庭果不愧肅雝顯相之目
哉聽禮器而徬徨非曰宗廟之事亦實能之也一旦而如會同矣覲
為端章甫作樣
衮者服其山龍韍端者章其物采而亦奔金舄且平平其率從矣儼
然進赤而命之曰爾其恪將擯紹乎凡茲薦璧陳圭講信修睦寡人
將資翊贊焉始郊勞之文終贈賄之典果皆免不能相儀之恥哉拜
提頂兩股字
大賓之來辱非曰會同之事亦已能之也然而竊有所願焉雖禴祀
蒸嘗亦未躬逢其盛然而堂基鼎鼐之間司尊司彝殊其獻濟淪澰

赤爾何如對 一節（論語） 潘葆光（本姓徐）

裸異其儀執同執瑁分其任不有以相之何以不異而不敖也端冕
而駿奔赤也極不忌耳今日者幸得以優游函丈而肄業及之矣不（疑為緊切歷李先發曲析有情）
黻紱號觽以臨齋夫得非宗廟也哉而臨尸之際誰之然也赤也有
願學康不愧其所願為已抑時見殿見赤來身際其隆盛而麗贊圭
璋之側桓圭躬圭異其班蒲璧穀璧殊其等東面北面別其行不有
以相之何以中規而中矩也來帶而立朝赤也彌自慚耳今日者幸
得以從容請求而習儀以亟矣不然彼嘖有煩言者夫得非會同也
哉而不虞之譏誰之責也赤也有願為固必先有所願學之斯時也
服則玄端也冠則章甫也將冠裳之肅穆聆佩玉之鏘如寧遠登也

○○○○○○○○○○○○○○○○○○○○○○○○○○○○○諸

雅之堂竊欲附小相之次願洲如是爾學則猶夫也而豈回能之哉

赤幾何而不虛夫子之一問耶○

他手縱極華贍○只解從宗廟會同徵實耳○文偏將下兩句實際○翻

攝入排闥二句中○其藻麗處筆筆皆空○典雅之文○必具樸匯揚乃

為爾絕也

赤爾何 題

赤爾何如　一節　魏詩六文

稽曾筠

賢者以禮樂酬知而退處於小相焉夫宗廟會同亦酬知之地也願為小相赤不居然有禮樂風哉且兵農之後宜與禮樂也為治之次第也顧所謂禮樂者習其儀尤貴得其意平日雖欲納身於軌物而酬對之時輙僕然自居則其本已失鮮不貽廟廷羞矣又烏能化民而成俗哉乃若赤在聖門子盖知其優於禮樂者也縱求而問亦欲觀赤之願以驗其所能何如耳而赤則起而對曰若求所供赤其果能之乎道志和聲此自先王之所感而赤殊詳其人矣君子之道赤敢不學之乎淑性陶情不為大雅之所棄在

吳字詩經
讀心候
謝字詩經
讀心穀

赤亦宮有願矣間嘗博稽周礼所載以吉礼事鬼神莫詳宗廟以
獨○為○端○章○甫○按○色○祖○端○排○宗○廟○會○同○者○
賓礼親邦國尤重會同當是時公自袞冕而下如王之服侯伯自
迥○別○
鷩冕而下如公之服子男自毳冕而下如侯伯之服而其間有服
出○柏○字○壯　重
則端冠則章甫者誰也則相也藉以不衆之身濫厠於佩又將烏
用彼相為然則赤雖未能而學之誠不可已矣其在宗廟會亦則
能○旨○又○然○字○若○嘗○謙○或○可○堪○
豈敢妄居顯相之列哉若司尊若司彝對越駿奔亦與有責焉如
或以陳說俎豆吾子之所嘗聞者亦赤之所肄業而卜赤儀員也
只○脫○端○章○甫○
則絲衣載弁又敢以或異或裁者自遠之實乎奉璋瓚而左右所
豈哉々然無射於亞祼者也至於會同在赤又豈敢謬叨上相之

平〻生〻 心用〻

菁哉若承擯若紹擯趨進復命亦非易任矣如或以應對賓客之（小字俱莊切）
子之所見許者必赤之所專長而召赤為役也則緌紳委佩又欲
以或亢或辱者自挌其尤乎對咸顏於咫尺所宜平平然率從乎
有繹者也夫赤則願為其小者而要亦學之云爾豈即曰能之哉
以此酬知夫子且以為何如也吁赤之所言蓋彬彬然得君子意
焉宜其獨居禮樂之科與

非曰二句虛宗廟三句寔願為一句在虛寔之間正是此節要
害處扼其咽喉則鱗爪自皆飛動也美秀而文公西如生　原評
宗廟三句俱攝入虛句中尤覺[illegible]極得法

赤爾何如 兩節 錢在培

襄禮者讓而益光因時者異而能同矣蓋小相願學赤之言志何其讓也而鼓瑟之點則固已異乎人而同乎聖矣其與之也宜哉今夫清處于師友之前患其無可能耳亦患其無可異耳既已抱其所長則雍容者辭愈遜而講習愈精亦且不謀諸人則高曠者情彌近而旨意彌遠聖人于此靜以証其所能而徹以契其所與（下手做妙）其相得蓋自有深焉者矣求也總由書志而以禮樂讓之君子夫吾黨之多君子也亦已久矣有百年後興之禮樂敘以奉宗廟而（會說全顏何等警求何等細）紳思脣和以入朝廷而貴賤有位嫺而熟之其有懷而欲吐者原

西泠文匯　三刻

倣斜飛舞雲驚墨雲

不必以人之所總掩已之所長有斯須不去之禮樂故以之澤躬而動靜有則以之斂性而語默咸宜素而行焉其無入而不自得者亦何必以曠懷之獨寄傷同志之無人求之俟〻也赤耶抑俟之鼓瑟之點耶然而夫子則固已總用求而問赤矣亦于斯時頓瞻同人其殷〻致望者既欲辭之而不得略言鄙意其耿〻難已者復有志焉而未能一則曰願學再則曰小相謙退之懷已見流徽于朝廟畢讓之度自堪表擧乎冠裳此固與強兵富國之任異事而同揆者也自赤言之而禮樂之選可以無事他求矣然而夫子則固已總赤而問鼓瑟之點矣點于斯時倡歎甫終此情之欲

抵于音者既不能更張其故我餘音未歇前言之作入于耳者復
雖強同調于他人一則曰異撰再則曰異撰春偕行之念諸賢因刻
坐于春風自適之情夫子亦神遊于大化此固與老安少懷之志
並行而不悖者也自點言之而喟然之嘆已覺別有感通矣夫乃
知赤之能見其長而點之不苟于同也同堂晤對如在大賓大祭
之前一室嘯歌自有時止時行之妙林泉廊廟原未嘗視為兩途
名言絡繹
而要以獨行其所是是故列[illegible]曩則爾雅堪型篤性情則風流自
賞夫乃知赤之能補吾黨所不足而點之能化吾黨所有待也禮
明樂備告成功于俎豆玉帛之旁樂事賓心寄放懷于高下散殊

西泠文華　　赤爾　錢

之內文章學問亦非必分劃兩事而要以遠如其所臻是故垂諫帶則為天子使藏名山則與聖人徒夫子之與點也蓋早已并三子而與之矣而特不能不因點之問而益明耳

此等題在他手不以穿插為工即以強裁為勝自然大雅非名筆不能而其中鉤勒迴斡備極經營此所謂文成而法立者　胡詩圃夫子

踪發固極明密拔言落纖氣韻天成又所謂吐石含金者此種文筆可以鍼砭俗學流别風雅　殷子周夫子

結制似華亭會稽而參以陳夏諸公之鉅麗乃為傑構　吳蕃卿

赤爾何如　相焉　　嚴從龍

篤志於禮樂之士辭雖謙而志已見矣夫微子問固已知赤之能禮樂也乃婉辭而處於小其志不已見乎且吾黨欲出而圖吾君兵農之外禮樂其大要也然而優於禮樂者恒不欲慷慨於師友之前而但微亦其意於廟朝之間識者已不必待其設施而知其有華國之才即聆其言論而已宛然觀大雅之風矣求言禮樂俟君子殆俟赤耶則意赤承夫子問當必奮然自任以為赤已能之赤已學之舉乙乙樂之事赤無不優為之可知也而孰意赤不爾也吾第見其容益以謙其辭益以遜雖然而對曰夫子不知赤何如耶謂赤而無志於禮樂

歲考仙遊縣學一等一名　　　興化府

入閩校士錄

歲考仙遊縣學一等一名 興化府

赤固有所不甘謂赤而已嫺於礼樂赤亦有所不敢能云乎哉亦學焉而已願學焉而已且獨是二十學禮十三學樂以來惟是儒服儒冠與諸君子進退于杏壇之上絃誦于洙泗之濱然而循墻而走未足以黼黻乎太平也閉戶而歌未足以鼓吹乎休明也而赤竊有願焉則試懸擬其事事莫大於敬祖時祭歟祫祭歟黻冕以臨者君也緣衣以贊者臣也此誠礼樂大備之地也則有如宗廟之事事又莫大於尊王時見歟衆頫歟山龍藻火者天子也赤帯金舄者羣侯也此誠礼樂不容苟之時也則有如會同赤豈不願置身於其間耶雖然與之隆者儀必肅制之大者服必表故有服澣濯於俎豆之旁者則

以爲褻矣有祓裎裼於衣裳之会者則以爲陋矣而赤不敢也亦閑典祀者有大宗伯典樂者有大司成赤亦不敢與之比並也惟是服元端冠章甫而願爲小相焉耳慨自載見之詩亡而列邦不助祭于（宗廟車儀）祖廟車攻之典廢而列辟不朝王于天家藉得賢公卿焜耀其間而翊声靈以歸共主俾包茅必供縮酒而河陽無敢召狩庶猶天下知有王乎此則赤之有志未逮者也且夫禘褻公之廟萬者二人受女樂之歸不朝三日藉得良有司晉接其際而扶統紀以強公室卑況濯周戚惰容而視朝無般棄祀庶幾我魯猶有瘳乎此則赤所中藏之者也噫赤之志如是是誠傾爲者也世有知赤者赤將服所學

赤爾何如　一節　　魏銈

賢者以禮樂酬知而退處於小相焉夫宗廟會同亦酬知之地也顧為小相赤不居然有禮樂風哉且兵農之後宜興禮樂此為治之次第也顧所謂禮樂者習其儀尤貴得其意平日雖欲納身於軌物而酬對之時輒儼然自居則其本已失鮮不貽廟廷羞矣又烏能化民而成俗哉乃若赤在聖門乎蓋知其優於禮樂者也繼求而問亦欲觀赤之願以驗其所能何如耳而赤則起而對曰若求所俟赤其果能之乎道志和聲此自先王之所感而赤殊非其人矣然君子之道赤敢不學之乎淑性陶情不為大雅之所棄在赤亦竊有願矣聞嘗

博稽周禮所載以吉禮事鬼神莫詳宗廟以賓禮親邦國尤重會同

獨為端章甫設色襯鋪排宗廟會同者殉別

當是時公自袞冕而下如王之服侯伯自鷩冕而下如公之服子男

自毳冕而下如侯伯之服而其間有服則端冠則章甫者誰也則相

出相

字莊重

也藉以不衷之身濫厠於側又擀焉用彼相為然則赤雖未能而學

分貼宗廟會同能寔又能空真覺謙致可挹

之誠不可已矣其在宗廟在赤則豈敢妄居顯相之列哉若司尊若

司彝對越駿奔亦與有責矣如或以陳設俎豆吾子之所嘗聞者亦

不晚端章甫妙

赤之所肄業而卜赤備員也則絲衣載弁又敢以或奠或教者命速

之究乎奉璋瓚而左右所宜我〻然無射於亞祼者也至於會同在

小字俱雅切

赤又豈敢謬叨上相之榮哉若承擯若紹擯趨進復命亦非易任矣

如或以應對賓客吾子之所見許者必赤之所專長而召赤為役也則垂紳委佩又敢以或亢或辱者自招其尤乎對威顏於咫尺所宜乎乎然率從於有繹者也夫赤則願為其小者而要亦學之云爾豈即曰能之哉以此酬知夫子且以為何如也吁赤之所言藹彬彬然得君子意焉宜其獨居禮樂之科與

非曰二句虛宗廟三句實願為一句在虛實之間正是此節要害處挖其咽喉則鱗爪自皆飛動也美秀而文公西如生　宋嵩南先生

孝者所以　合下節　　　方　苞

家國有同然之理讀書而知其無所強也蓋孝弟慈之教立于家孝弟慈之理通于國因求之于心而無所強者也讀康誥者知之哉且君子將有以成教于國而以吾之所教于家者擬之于國而其理未必同然即理有同然而我所以教家之事又非情之不得不然則是家國終非一致而立教有待強求也而豈其然乎夫君子之教家者曰孝曰弟曰慈國之成教者曰事君曰事長曰使衆吾意君子于此問寢視膳昭其孝也行蓄勿踐昭其弟也恩勤鞠育昭其慈也亦宜日討國人而訓之以事君之當忠事長之當順召諸司而告之使衆

鄉雲樵納

經出語老

之不假易也而君子始若置之者何歟君子蓋知其所以然而因得其同然得其同然而因信其必然斯已矣今夫君父等尊也兄長等

連下節補起

分也子民等下也人之非其父揖其兄撫其子者理也人之敬爾君

一往渾脉大家之文

順爾長恤爾衆者亦理也故在家為孝子者在國為良臣在家為悌弟者在國為順民在家為慈父者在國為忠信之師循良之吏取此準彼所以相通其理一也而君子可不務哉然吾觀天下事苟非中之所素有則其道不可以終日使君子修此孝弟慈之身而或苟且旦夕勉強學問以至性為立名之地以人倫為緣飾之端則亦安用

想見懷毫發讀[illegible]浪叢金山時

此立教者為不知此孝弟慈也非作而致其情也非有所勉其本足

孝者所以 合下節（大學） 方苞

也又非求助于外而將俏其呼也君子之教家身爲盡之君子之修
身心爲盡之嘗讀康誥而知之矣康誥本曰如保赤子乎雖似止言
慈而其實豈止言慈乎蓋天下惟慈母之心爲甚真亦惟慈母之心
爲甚曲即孝弟之心所由發耳是故疴癢不能以自達溫飽不能以
自明赤子窮矣而保赤者不窮無他心相感也能之不能緩須臾抑
亦足以增疾痛保赤者窮矣而誠求者卒不窮無他心相通也雖不
中不遠矣而或者猶以爲勉强之事必天下有學養子而嫁者也豈
不謬哉吾于是知立教之本也視無形而聽無聲與夫因心則友篤
慶錫光者皆不嘗呼吸通而性命合也何號爲君子所爲本誠意之

庚辰小題稿　大學　孝

剔氣一〇九行矣許

功正心之學修其孝弟慈之身數其孝弟慈之家而事君事長使衆一以貫之者此數此意也强仁與讓之效足以觀矣

純用大氣舉遺使人數行不得讀斷此坡老所云吾文如萬斛泉不擇地湧出者不圖吾弟少作早諳此境謂非天授誰其信之

孝者所以　求之　林廷選

家國無二理誠爲之也蓋孝弟慈所以通於國者理本自一也而皆出於心之誠讀康誥即慈可悟孝弟焉且家國殊勢也而無殊理無殊理者無殊心也是故準之于理而知此理同也証之于心而知此心同也君子不出家而成敎于國所以然者何哉吾想家之人其心不一矣國之人其心不齊矣以求家者求國或百相欺矣或百相遁矣然而其理則不強而自合也試觀在家爲孝者在國爲事君遠邇有異形而尊親無二理也豈曰移孝作忠乎所以事君者不待外求矣在家爲弟者在國爲事長內外有異分而敬

其無二理也豈曰推弟于長乎所以事長者不待別求矣在家爲
慈者在國爲使衆親疏有異情而撫馭無二理也豈曰廣慈于衆
乎所以使衆者不待他求矣理一則教一復何疑於君子之不出
家乎且夫理未有不誠者誠未有不根心而發者孝也弟也慈也
抑豈人事之繼起而不本天事之油然乎哉即以慈之一事觀之
夫亦愈曉然于立教之本矣昔者寧王君長天下撫有千八百國
之衆用體穆考之心大封同姓以無忘孝弟至誼康誥一篇於使
衆尤諄諄讀者謂如保赤子一言可通其說於慈實與齊治之理
相發明也由今思之赤子有欲不能自言其隱爲慈母者百計端

合取其不自達之狀而有惟恐傷之意求之彌曲而其情彌真雖孝子悌弟之纏綿不是過矣無他天相動也且赤子所觸亦復難緩須臾為慈母者徬徨思遂悔其無早覺之微而致有不能已之苦求之愈廹而其意愈痛雖事親從兄之篤摯無以踰矣無他性相感也一心誠求之則安有孝弟之理不與慈均出于誠者哉又安有理本于誠而不通于事君事長使衆者哉理同者不復論勢天勝者弗叅以人明乎此而教家以教國一以貫之矣昧於家國之理者曷不三復保赤之訓

新葉而嘉樹列發石而清泉激當從細心淘洗得來

孝者所以事君也　三句（大學）　笪重光

孝者所以事君也　　三句原稿

笪重光

治國之道備于家君子所以逸于教人也夫取國人而教之之事使〻曰孝弟慈祗君子家事耳抑知其所以相觀者哉且人主居深宮而不復下同臣庶之事是凡所期于臣庶者皆不必其身自為式也而一人之家遂尊雖然我之上有親而我之下有子弟終無以異于臣之上有我而臣之下有民故一人之家不殊于百姓之家而已具一〻之國之勢也吾于是益信成教之君子〻〻多懸德而深言國俗〻教軼于外而猶曰備諸家吾不知其所備者何事也宮中之行不可知獨此骨肉之間〻有相郭之處明言其

曲折老硬筆力可凌萬夫

故而使人主不得以國事忘家事此意不必君子知之耳治朝王
效而托以家修徃徃效行于内而遷云督諸國吾不知其所督者
何人也先王之教無弗偹獨于宫府之屬一一有相生之情深思
其故而使人主不敢以家人疑國人此意似推君子知之耳今夫
君子無君可事而身自為君乃日命國人而教以事君此甚大可
奇情摘天高義薄雲漂
疑也然子臣無異道君父無異情從来王者引天地為怙恃則上
奇
小固即其宫后而忠烈可勉之郊禘君子問安視膳豈忍竟以〻之
考之細節隱市天下之軀命哉而其教胡以成也則孝者所以事
治也君子不可稱長而亦言克長乃日聚國人而教以〻〻此又

之可疑也然尊卑不易其分貴賤不忘其禮從來王者紀今古為嵩壽則先聖要即其長年而奉持可勤之考質君子執爵撫得豈敢獨以孤竹之奇情冒為天下之伯叔哉而其教胡以成也則弟者所以事長也君子不親為使而分其使于臣乃日進國人而教以使衆此又誠可憂也然親疎有異施受育無異意從來王者以萬物為似續而獲諭教之賢者曰吾世子則効服役之勞者曰吾宗子君子篤念天宗豈容漫以召父之濃恩勸〻天下之勵力哉而其教胡以成也則慈者所以使衆也蓋為于內而酬以外足以見神明之權然理不入凡人之家則權不在天子之手惟輦轂之

下皆奉元后之儀于隱者自治其閫而後至于風謠不重勞聖人纖成款之韶澤專于此而動于彼可以覘識向之意然事不由聖王之所好則意不留都〃之隱惟宮寢之地先能以黎庶之〃効于我〃者自考其德而後著為章息不徒蘇先澤之鼓鐘蓋其所以然者不誣也

赤手搏長蛇不施控勒騎生馬覺孫可之〃說猶信　章槖文

刻畫警快不詭不鑿中幅確然識出君子亦有君長尤的有名理足為大全蒙存舊說拾遺　沈厚田

李若所

笪

○○孝者所以事君也　三句　張漢如

詳敎家之目而道通乎國矣夫孝弟慈行於家而孝弟慈之理非僅可行乎家也即國之所以事使之道豈外是哉且以郊圻之遠而君子但求之庭闈之間誠以其分殊者其理一也蓋一室之中有境内之象誠得其理之可通而其道已範圍而不過一如君子之不出家而成敎於國果操何道哉一夫人與人相聚而敎生有尊乎我而為我所仰望者焉有等乎我而為我所致敬者焉有卑乎我（原批葉力蘭皆）而為我所矜育者焉三者積而成一家之勢亦三者積而成一國之勢三者合而聯一家之情亦三者合而聯一國之情其情同其

〇擬〇發〇二〇眡〇高〇手〇

同則其道必無不同是故家之有親猶國之有君兄也者況之所生身來歛親之心以敬之長也者君之所建故推敬君之心以敘之且以我之受于親施之于下猶以我之所受於君者施之于下也兩兩相形而其理之相配有如斯矣家之各親其親猶國之各君其君我共事親者尊事之不敢不至與我共事君者吾事之不敢不至且我之事親不敢言勞而予之事我當恤其勞猶我之事君不敢言痒而人之事我當念其痒兩兩相形而大事相類又如是矣然則家之有孝也非即國之所以事君也昔恩愛忘勞即匪躬之誼也克諧烝乂即匡躬之誠也是故在國曰君在

所以二字出

清出所以二字

言簡而意已足

家亦曰君者其道同也一家之有弟也非即國之所以事長也哉敬吾宗子即下之所為敬大臣也敬吾諸昆即下之所為敬百執也是故在家曰長在國亦曰長者其道同也一家之有慈也非即國之所以使衆也哉鞠育之情即惻怛之愛也義方之訓即忠利之教也是故在家曰父母在國亦曰父母者其道同也

而題意已盡中間二股尤能使所以二字

孝者所以 三句 丙申高沙 陸燦

心同則理符、不出家而敎國者群矣、夫事君事長使衆之道、與孝弟

慈祿與、所以敎之孝弟慈之心、則至足也、家國有二理乎、謂夫君子之

事○詳于修身而已○以家之内○未嘗督責之○告誡之○顧謂其成教于國

者何哉○取吾修身之事以治吾家○其事已非一端○而取國人之心以

觀吾、教○其事初非二理也○試○綜○家○與○國○論之○家國同一君子焉○君子

奇 文 泛 理

之大有觀焉○有若焉○君子之下○有子弟焉○臣子焉○由臣而上○有君焉○

有君所設之長焉○由臣而下○有君所御之衆焉○國有不齊之家○家家有

不齊之人○人人有不齊之事○以不齊之事○治不齊之人○以不齊之人○治

于必挈之教論綜理則有綜理之難綱舉目張難也論推致則有推
致之難戶說眇論難也而君子無難則有孝也弟也慈也今試進國
人而告之曰爾何以事君事君之教終不成君子既已為君矣其不
能教之事君者勢也自孝之身修而勞者洗腆之事行于家則知天
子必有尊也天子猶有尊國人之所尊必天子矣孝非所以事君而
學事君于事君難學事君于孝易推其尊之之心則固進國人而告
之曰爾何以事長事長之教終不成君子既已君長矣其不能教之
事長者勢也自弟之身修而行葦戕履之事行于家則知天子必有
敬也天子猶有敬國人之所敬必天子所敬之長矣弟非所以事長

而學事長于事長難學事長于弟易惟其效之々心則同盡臣人而
告之曰而且何以使衆使衆之教終不成君子既已君衆矣其不能
教之使衆者務也自慈之身修而乳哺顧復之事行于家則知天子
必有愛也天子猶有愛國人之所愛必天子所御之衆矣慈非所以
使衆而學使衆于使衆難學使衆于慈易惟其愛之々心則同夫一
事有一事之名在親名孝在兄名弟在幼名慈而事君事長使衆之
也也術惟數事即一事之理孝一用之于事親而再用之于事君之
一用之于孝兄而再用之于事長慈一用之于恤幼而再用之于使
衆而君子不出家而成教之義以明夫固非有所強焉耳

只是該個道理。其中人類甚多。要非押妝然者。入時文刷印手。久無此題矣。對面活遁。只是熟于書旨。無他奇也。自評

時文移孝作忠等語。何處着落。緊跟成教。三也字抱上文。只作釋例手眼超絕。呂晚村原評

事君事長使衆。成教如此。不是去教他事君事長使衆也。孝弟慈推入身修不說教。國所不說教家。方是家國合一道理。併平天下章與孝與弟與慈。一齊打通。陸雯若原評

孝者所以事君也

郭國佟太尊季考　太平縣學一名　湯新俞

論事君之理不出家之孝而教成矣蓋君父一也孝以事父而所以事君不外是君子豈必出家而成事君之教耶嘗觀君子之君臨乎一國者國視國如一家也君道也即父道也然而君父無異道人之彼謂資於事父以事君者猶分為兩事也吾何以見君子之不出家而成教於國乎吾思君子之教國國將教之忠順不失以事其君者也如是則必教國人以天澤之辨必教國人以堂廉之誼必教國人以敬之所當盡而義之所莫逆而君子則不出家惟皇皇然自盡其

對面看華論有本源

事君與事父即無異理故得乎理之一而尊親有互用忠孝有同原

題解豁然

領醒浮靈

先立四柱排耳有致

孝已耳此何與事君事而不知泝乎事之迹則一諫而有隱犯之（題是論其理之一頓一折極醒）
殊就養而有左右之異事各不同而通其事之理則家人有嚴君（欵餘絲叢）
之稱元后有父母之戴理寔一致以民之事君而言則天澤之辨也（扶出所以二字之理）
而要民之所以事君不外乎孝也屬毛離裏之恩誰獨無父普天率
土之感誰獨無君父生我者也君成我者也生成之恩罔極而欲報
乎生成之恩亦同此罔極也以臣之事君而言則堂廉之誼也而要（精彩矣）
臣之所以事君亦不外乎孝也明發之有懷在家能子夙夜之匪懈
在國能臣事父竭其力者也事君致其身者也力與身本乎心之所
得而竭與致亦同本乎心之所以盡也孝主乎愛而事君則主乎敬

義　恭剛公忠衆恭忠遠則理精渾然

然齊孌祇載之心愛也亦敬也天性明聖之思敬也亦愛也愛敬情

也孝以事君理同而愛敬之情同一孝原乎仁而事君則原乎義然養

二不刀憲敵

親尊親之兼至仁也亦義也一體一心之相聯義也亦仁也仁義性

眼前話道來俱是

也孝以事君理一而仁義之性一是故中孝用勞於有服勤奉養之

希理

節而在事君即子來之所以承奔走之所以供一大孝不匱更有明天

察地之為而在事君即高厚之所以翊寅亮之所以篤生君子不出

家之孝而已成事君之教於國乎不弟與慈又何獨不然

至性肫摯名理爍著筆力精健所以二字說來如桶底脫卻無一

語是移孝作忠話頭真實細膩　黄子學

孝者所以　合下節　兩截八股文　黃越

列言理之相通者皆其因心而出者也蓋孝弟慈修于家而國之理通焉亦曰出其心之誠然者而無不通耳即慈幼而可識其端（橫、虛、上、下、之、句、）已且夫天下之理有當然有自然有知吾身之所當然而務盡其（已理下截前亦）事於家則雖不必盡出于自然而推之于國要有感而遂通之理（上虛、過文）況乎理既知其為當然必盡乎其自然終無作而致之情要（蓄下截小比）非強而圖之事天下之理大概如斯也所謂當然者孝弟慈之修于身而教于家者也所謂自然者孝弟慈之出于誠而本于心（又必打轉）者也天下當然之理有一不出于自然而自然之理有一非其所

當然者盡環視家之中有親焉吾所當孝者也事君自國中事也非以事親也為事君而始事親即其事親之心先不誠然而無二

逕心字已為爲文預作歸宿誠空反伏故不覺

理也事親之心即所以事君之心也環視家之中有兄焉吾所當弟者也事長自國中事也非以事兄也為事長而始事兄即其事兄之心已不誠然而無二理也事兄之心即所以事長之心也環視家之中有幼焉吾所當慈者也使衆自國中事也非以慈幼也為使衆而始慈幼即其慈幼之心已不誠然而無二理也慈幼之心即所以使衆之心也且夫天下之理何一不出于其心哉誠心

接應緊

有不誠貌承而情不屬文勝而實則衰天下之人無一可欺者行

關鎖合卯兩截無縫

孝者所以 合下節（兩截八股文） 黃越

某法自下挽上又一種

況于孝弟何況于慈天下之理何一不出于其心之誠哉果心無
（側到慈妙）
不誠明可貫乎天日幽可格乎鬼神天下之人無一不可動者何
（側到保赤子妙）
准于保民何難于保赤子康誥之言如保赤子也謂夫保赤子而
心誠求之也莫易于保赤子而不誠則不易故或不求之而不中
即求之而亦多不中疾痛疴癢常苦有欲而赤子不能自言莫雖
于保赤子而誠則不難故求之而多中即不中而亦必不遠抑搔
保抱其有天性而其母初不自知未有學養子而后嫁也亦所謂
不慮而知不學而能者何但于孝何但于弟哉準此而端慈之量
不待言說而已喻則凡屬卑幼必皆有同甘共苦之真情推此而

黄太史宦稿　兩節

蓋孝弟之量即此揣摩而自合則分居尊長必更有經綸悱惻之寔意此理之當然而一出于自然者也立教之本不在是哉

局不緊否辭不潔否臃腫破碎否骨肉不停匀否分數端求之當得其益

○○○孝者所以　求之

張太宗師歲取泉州府學一等第一名　黃允肅元靜

家國無異理其立教一本於誠而已夫孝弟與慈教家之理無異教國之理也而其立教一本於誠不可即慈幼而驗之乎今夫一家之內祇此為人子弟為人父母之心相與固結於不可解而教家在其中教國亦在其中無他理本相通而教非偽為則弟觀其為人父母之心而其為子弟者可類推也吾言君子不出家而成教於國豈無見哉夫家之與國有異勢而無異心心一則理一而已矣一國之君猶家有親寔盡其親親之心以求親心之悅豫所以教孝於家也而通之即所以事君國有長猶家有兄寔盡其教兄

之○心○以○求○兄○心○之○知○樂○所○以○教○弟○於○家○也○而○通○之○即○所○以○事○長○矣○
亦○可○知○事○君○事○長○之○道○一○孝○弟○之○道○矣○而○至○於○使○衆○之○道○豈○復○有○
外○於○慈○者○慈○者○父○母○之○心○而○即○為○民○父○母○之○心○貫○於○家○而○慈○吾○赤○
子○無○異○於○國○而○慈○衆○赤○子○也○慈○者○父○母○愛○子○之○心○而○即○為○民○父○母○
愛○民○之○心○蓋○保○吾○子○而○慈○於○家○無○異○保○衆○子○而○慈○於○國○也○慈○所○以
使○衆○亦○如○孝○弟○所○以○事○君○長○耳○豈○家○國○之○有○異○理○而○立○教○之○有○偽○
為○也○哉○如○其○有○出○於○偽○為○則○不○惟○孝○弟○非○誠○即○慈○幼○已○非○誠○矣○彼
康誥所云保民如保赤子○又何以稱焉○夫赤子之心○其最誠也○雖
未○知○孝○而○孝○親○之○心○已○萌○雖○未○知○弟○而○弟○長○之○心○已○具○啼○號○哀○樂○

順之則喜逆之則悲此亦赤子之自率其天真而不參以偽者也而以父母而求赤子之心亦無不誠也雖未敎孝而已曲盡其慈〻〻意雖未敎弟而已由致其慈之〻術嚬笑嬉泣發於不自知而獨於不能言此亦父母之自動其至情而未嘗或強者也然則觀慈幼之端而知慈心一誠心也由是而推之孝〻心一誠心也由是而推之弟〻心一誠心也而國之所以事君事長使衆者洵不外乎孝弟慈而得之矣

張太宗師原評

平者是理側者是竅批竅導竅游刃有餘文遭飛將軍也

孝者所以事君也

江南法宗師歲試 甯熺
青陽縣一名

教孝即以教忠已知家國之相因矣蓋孝者君子所以修身而教于家者也而國之事君不出此則教孝即以教忠矣家國相因不（原○評○恰○）已見哉且不出家而成教于國者誠以理之無不一也夫家之至（是○第○二○句○說○理○一○）大者莫如親國之至大者孰如君畧其分之殊而原其理之一供（耳○領○孝○字○方○是○單○句○落○脈○）于職于門內不殊盡臣道于天朝則夫孝之通于家國間者固已（反覆○二○句○清○題○位○字○）從可想也矣今夫孝以事親也非以事君也以其分而言堂廉之（欲擒○先縱）濶絕何如庭除之寥邈以元后之尊嚴而待若父母其心既有所不敢膝下之瞻依何如明廷之拜稽以慈幃之親暱而上擬君王

其心亦有所未安而不知理固不有不一者蓋父子有親君臣有（從源頭說下更高）義此人之秉彝悉具總善成性之初而子則盡孝臣則盡忠莫逃之分誼自有殊途同歸之致一當其一堂聚順昏定晨省盡其儀服（常變分心）勞奉養竭其力以為孝固然耳則試置身吾君之側蹌蹐之維謹有異在家之盡其儀乎繇處之不遑有異在家之竭其力乎文武之間寢視膳即卑褻之所以股肱而喜起也而寧有岐趨焉若夫（原評開中歸到絕似陶菴）家庭多故負罪引慝致其慕痛羽悲淵盡其戀以為孝又宜然耳則試須身大君之前諫諍之維勤有異在家之致其慕乎衮職之（點醒所以）必補有異在家之盡其慈乎舜禹之烝乂幹蠱即伊旦之所以匡

孝者所以事君也（大學）　寧熺

啟而業绝也夫寧有別旨焉蓋有愧為子者正其有愧為臣抑思

大將卷

敵二意二反一正繳足二化更發酣暢

承將以和順即對揚不能效其媚慈衹載未極其齋變即天威不

能凜夫咫尺一反觀而固可知其理之不二抑能為人臣者正其

此比又倒轉

作題

前俱就子臣各志孝說此就君父論其忠孝說

能為人子者篾堪激夫譽處即菽水克得其歡心和衷時諒其實

恭即奉持恒鑒其洞矚一轉觀而益可得其理之不殊且夫事父

原評可謂六七上方是本章所謂理一

可資事君猶分君與親而二之而理本同原并無所俟于資也明

繳上家國

發不朕有懷二人夙夜匪懈以事一人事親于家孰謂非即事君

于國者乎抑移孝可以作忠猶未合忠孝而一之而理寔一致又

奚所藉于移也無忝所生日邁月征無曠厥官長五人代家有令

近科考卷辨體　大學

懸、前、用、開、合○法　收

乎孰謂非即國有藎臣者乎故以分而言有隱無犯有犯無隱親

至恩而君主敬不必同符而合轍而以理而言非父不生非君不　到底

無○立○議○董

食乎報親而親報主原自共貫而同條信乎教孝即以教忠君子

所為不出家而教已成于國也而弟與慈何莫非猶之孝耶

三句只說理本相通若說成上感下應便侵一家仁節義一切

資父事君移孝作忠求忠必孝敬官即孝家父可[illegible][illegible]君充[illegible]

亦稱父母都為似是而非文能盡空常解獨標精義[illegible][illegible][illegible][illegible]

其餘事耳　汪[illegible]以

孝[illegible][illegible]　[illegible]

志於道 一章 張永祺

聖人論全學必循其序而至焉、蓋道德仁藝學所必歷之境也、循序而無間焉、斯無愧聖賢之業乎、且君子之於學也。本末內外。一以貫之者也。苟徒慕上達之名而自棄下學之實。則先後失其序。淺深失其功。豈所語甚全之學也哉。吾思之事物之理。昭然可見者道也。中無定識。於是多紛營焉。是莫先立志了則致知之事矣（切○實見○）體驗於倫類之間知其同而不惑於異審辨於日用之內明其是（一○切○苟○且○父○子○然○言○視○聽○等○語○渾○話○然○遂○）而不亂於非蓋念慮既專於道之當然者雖未至於充實而如向（體○然○見道體分際○）失之馳騖焉必無有矣神明之地確然有獲者德也內無定力於

是生得失焉又貴於能據之則篤行之事矣由閱歷而返之躬脩
據○字○真○諦○
則待循者不喪由服習而約之性分則憑藉者不虛蓋素守既堅
見德○仁分際
於德之本然者雖未底於純備而如曰失之游移焉必不然矣迨
聯○
積累久而理全涵養深而天見於是有仁之可言也然其念稍弛
其功偶息得毋有未純者乎吾依焉渾然者無時不存於心則有
依○字○真○諦○
主之閑密燦然者無時不流於物則無私之用神幾微勿間常變
勿違純粹以精之域至此無以復加矣然有其本必該其末治其
內不遺其外則藝亦學中之一事也夫大道載於形下至理寓於
應○務○
散殊可容有未化者乎吾許焉象數不遺非玩物也淺之可以為

見聞之資動息有養非喪志也深之直收為性命之助形而不滯器而能神左右逢原之樂至此其無弗全矣哉此大成之候而學者所當循序以進者也

醇厚綿密先正典型　徐健菴

志據依游道德仁藝八實字俱還精義三於字俱寫虛機咀經傳而得腴釀宋儒而成液視近今作理題文者滿紙皆語錄氣耳　王學舒

志于道據　全章　瞿景淳

聖人示人以學之全而必第其進爲之序焉夫學也者所以致乎道
也知本末先後之序而一無所遺焉此固學之全功與宜夫子言之
以詔來學也蓋曰君子之學也必急其本而後可以爲知要必兼其
（脚分明）（三頭一）
末而後可以爲大成甚哉其序之不可亂而功之不可缺也夫其端
學之始而于道不知所志焉是未可與幾也吾懼夫泛騖于異之謬
（志道章行）
舜起于斯也本之彝倫以求其端而不徇于意見之偏協之中正以
（賦題語）
要其趨而不惑于異端之習則雖未見其所至之何如而擇術之正
（服法緣）
審可以知其中之無數矣自其道之得于心者而言則謂之德德而

寤寐猶非得也念茲在茲而有事之勿忘不使積習之易溺焉釋茲
（纖）（攄）
在茲而固執之不壞不使物誘之易奪焉則德之在我者不有日除
（攄○已）
而不已者乎自其德之全于心而言則謂之仁仁而非依猶未純也
（依）（依）
執靜恒于斯真有以遠實實之故而先後之弗違焉瞬息恒于斯真
（攄○視）
有以養存存之功而周旋之不舍焉則仁之在我者不有疏行而無
（序○字○意○俱○也○俱○見）
闡者乎志學至于仁則學之本已立若可以已矣而有藝焉亦吾之所
（游○執○單○行）（游）
當游焉而不可闕者也涵泳從容觀其會通之深而典文之不廢焉
（游）（汁○字○約○意○都○對）
優游厭飫博其散殊之趣而小物之不遺焉則吾之涉而不有者固
非所以害藏修足功應而能妙者且有以爲養心之助矣而何惡于

志于道 瞿

論語

[illegible]藝固是而知君子之急于本者非虛也致隆乎內者固所以利其
發也君子之兼夫末者非徇也利用乎外者亦所以養其內也大之
不知先後而倒施之者固已非矣雖第夫本而不知道德內外者若
[illegible]美季之無弊也哉
[illegible]失精微一字不可移易道為首藐為尾德仁對嵌苦心精局真
[illegible]望直來學

新城蕭學師月課本學一名　孔興田

抑為之不厭

聖人轉度其所為而彌覺聖與仁之難盡也蓋夫子惟有見乎聖仁之難盡故為其道而不厭也然而為聖仁也豈即聖仁也哉若曰甚哉絕德之難幾使我茫然內顧而不獲所安也謂其淑然成就而先決其所從事于己者也夫己自有當盡之事方盡我心以與此事相求于無盡而竟不自生平之所求盡于己者何功于懷又能即安乎我良負歉于聖仁之難而抑亦有不甘自棄者始吾固嘗有志焉而即欲其不岐于所趨也窮理盡性古聖仁之望我者明明有其矣而我乃見異思遷也奈何學自菲薄也曩吾又嘗考諸古焉而

其從事之尚淺也遡志時儆古聖仁之策我者明明有其功矣耶
猶一涉輒止也柰何不自振拔也蓋我亦專于我之為之矣我亦亦
于我之不厭矣其為之不厭聖舍下學而馳思聖域立久不存此意
矣獨是意主乎為聖固恭有為之而即聖之理且微論其未即聖也
聖道之大緩以為之而已不及為也急以為之而又過于為也如是
而歷也人情乎我也泰聖道以為準而窮年矻矻祇自覺意味之偏
長與獨擅其生安者惟勤其思勉倘曰是其已聖也而何以猶頓否
荷荷也舍克己而言意安仁立久不談此念矣獨是念切于為仁亦
未有為之而即仁之事且微論其未即仁也仁道之大以約難言而

或俾于為也以為易為而又踐于為也如是而厭也又人情乎我也望仁道以為歸而惟日孜孜要亦狃結習之所至仁自得其醇醲且堅其閑存儆曰是其已仁也而何以猶歷我孜孜也大抵聖仁之道為之亦甚懲其無恆耳夫未知求知未能求能力非不足也而作輟之不常則為焉而祇得其煩苦毋惑乎厭從中來矣我惟是未得而不敢安也已得而不忍棄也生平憤樂相尋之數或亦亹亹為之而不能自已于半塗也至于聖仁之道為之亦甚憂其無漸耳夫知務窮神行務達化才非不竭也而進修之無序則為焉而適滋其悔毋惑乎其厭于焉生矣我惟是知以積而漸通也行以久而漸

也生平學達相因之旣庶幾循上爲之而不至貽譏于銳進也乎

吾之求盡乎已者然也然而猶欲人之共爲之也

旣發真至究是聖人聲皆而詞氣昌明無意不達　原評

爲字實就聖仁說來歟與不厭俱得真境無片言涉套矣後從吾

十有五章大註所謂優游涵泳不可躐等而進日就月將不可半

塗而廢二意分柱正是聖賢勿忘勿助工夫也

抑爲之　　孔

抑為之不厭 學也

乾隆丙辰浙江朱 錦
十二名

聖人不息之寔功、不可學而能也、蓋為不厭誨不倦、子亦欲與人共勉聖仁之寔耳、亦以為不能學、詢唯亦足知聖哉、且聖人終身

○拈○學○字○貫○合○上○下○

于學者也、而欲與人同歸于學、而人卒不能學、聖人之學何也、蓋學有親嘗之境、功以寔而可循、而從容為中道所難、神以虛而莫即、試為默証于身世之際而言之、者若盡人可至、望之者已無階可升矣、

○自○然○合○拍○

○是○出○筆○手○法○

夫子何歟于聖與仁、而不以自居哉、子蓋為學者慮之矣、

○束○將○夫○子○所○以○自○居○為○誨○之○故○發○二○比○而○弟○子○不○

聖賢上達之事、莫非下學所基、成已成物之間、化神出焉、鶩于其所甚難而極遠窮高、或反誤目前之進取、一生人強勉之端、即為至

龍鼻○亦睛龍在○內

詣所寓知至知終之地鼓舞生焉忽于其所至近而淺嘗浮慕遽
以阻遽到之嫉修予曰吾豈有他哉抑唯以為誨學聖仁而已道
無盡藏方寸之取攜甚富吾不敢忝以浮薄也唯是習之以時求
詣○俟○而○已
之以敏而精神所結直縈此而不覺其疲簡無終秘萬物之畛域
可指吾不敢閒以二三也唯是策無不告叩則皆鳴而氣類相関
直安焉而與之終古為不厭誨不倦予之自謂者不過云爾夫豈
上○下○夾○縫○中○整○發○二○比○是○文○章○推○重○爭○
徒居其次而辭其上哉蓋知能行習之故淺者見淺深者見深事
甫○變○
雖甚平而甘苦倍嘗其味則進而靡已自覺止息之無期然性情
維繫之功及之後知履之後雖道雖不遠而踐履未造其然則畢

不可踰愈覺摹跡之盡絕此公西華所為穆然而深嘆矣以聖賢以自治執不思日進于無疆而循習之餘有不禁善而思去者功能不鼓于性天則神明未洽即欲勉而卒業而振于述者終不能（發不能奉意要言不煩）渾于神觀心理之大同孰不思曲成之罔外而決應之際有不禁漸而求息者物我未融于性命則臭味終殊即欲降以相從而勵其心者要不能奉其德曰正唯弟子不能學也夫知不能學則又（精映前文章）何敢不學哉蓋立教之善莫貴乎引之至近而予以可從憤樂不（法自妙）雜忘老行生即以体天苟弗忽為易臻而由勉幾安即日用有神苟之皆而學者之進莫大乎好為其雜而徙而不返學以不息為

純教以無私為大爲既知其莫致而登高自下即持循無泛騖之功子誠善教亦誠善學也夫

矩矱一本先民上下神吻不即不離而其藻華修詞更未肯作猶人伎倆此之謂高非他家有意求生澁脅支離穿鑿者所可抗顏而争

尋真集評

掃盡肩詞獨歸雅潔非揣摩先輩者不能　鮑藩宣

祁為之　朱

抑為之不　二句

解元梁以樟

○聖人自託于為誨，質言之而愈深焉。甚矣為誨之道無窮也，不厭不倦即聖仁，豈有加乎？而夫子必自居其質也。蓋曰吾人亦安所事于不可知乎？即一日之間而能得其性情資力之所至，亦可以自致矣。夫吾身內之有淺深之事焉，外之有大小之分焉，實有可自治以治人者，奈何置其所可及而求之不可及也？聖仁吾不敢，吾則何為也乎？蓋學誨之事本以考一人之信疑參憑之域，求之而莫測其端，天地之大不足以當其疑；已而信者當前，後之即是矣，耳目之下原以吾身之虛實，高遠之懷微茫而不得其合，古今之廣不足以証其

○看○其○微○清○下句○

徐○云○起○語○高○渾○有○音○

○天○然○飛○動○

○人○頭○輕○籠○得○住○

○此○句○莫○使○認○作○下○句

○即○以○虛○上○呈○下○

○提○清○能○仁○為○誨○界○限○虛○領○可○謂○至○理○神○理○而○不○詭○者○以○有○抑○字○在

題上紋也。○徐○云○二○比○白○于○題○無○當○學○抑○字○之○神○

明文得曉集　論語　崇禎己卯順天墨　愛玉堂

明文得晚集　論語　崇禎己卯順天墨　愛垂宏

虛己而實盡反身求之有餘矣抑有不敢期聖仁而又不敢不忘于

聖仁之一境者則為且謂乎天人相合之故雖能靜觀其本來未有授

項為宜　讀詩者義自與填尊

民以皆答矣為其易而又不圖其所終當非吾心之所安循之而歎

勉焉不懈不息可以觀聽明之無過焉自志學之日而已然矣其為

是不　憐

之有得不得未可知抑既已為之矣則厭之端何自而生與人我具

足之理未易窮極其分量然有其我而資者矣有其責而寵無以相

成豈不知人心之有同然惓惓而訓迪焉訂疑析與可以悟大道之

看此句矣但上可循神淵竅而與守神守

無私蓋嘗與及門之士勉之矣其誨之有及不及未可知抑既已誨

方醒　如此便住自不忍下

收矣則倦之意何自而敬無則乃有聖仁之為于此彼一堂之上心

學相長而已而或入焉而未優或望焉而未見其世而下猶得其

因惟孔聖皆會內事焉以為誨自任

能已矣推開聖仁作第二層想出者教詩其魏山方冲其真精神

咨嗟鼓動之中獨何與則我亦有廹之不得不為者而敢謂後起無

也

斯文之責且有聖仁之誨于此彼三王四代非其人者未可學矣而

或追琢而佩金玉之章或承歌而式菁莪之化百世而遥猶沐其鼓

舞作人之意又何與則我亦有責之不得不誨者而敢謂吾徒非三

代之英夫尊徐之事不可為矣而性命不敢以言驕御聖仁之量又

有斯矣而學問恒难乎已到我于為誨終身焉而已

行步處愈深愈切愈遠愈微妙處全在摹想聖仁高遠莫及處著

精神而為誨不容已之趣自生矣 芝千子

明文得 論語 抑為之 梁

明文得　論語　抑為之[illegible]

題介前後語氣中間極委婉又極平實委婉在抑字平實在兩句截住非妙手難著筆也公然體認題意直刀寫得曲盡然抑字振實爲誨字領入題最得他作分擲兩句內便屬支離爲誨即在聖仁工夫上著力理雖如此但不鑿破聖仁語意更覺渾然　陸雯

若

看下文可謂云爾語氣則不厭不倦當就自然說其勉力只在爲誨二字上人俱說不敢厭倦惟此說不得厭倦不得厭倦即聖仁也則雖平實到極處而下文正惟二字已有下落矣中比分後比仍分標留下可謂云爾地步偹認語氣妥頓章法井然極其妙

抑為之不　二句　梁以樟

聖人自托于為誨者之而愈深焉甚矣為誨之道無窮也不厭不倦即聖仁豈有力乎而夫子必自居其質也若曰吾人亦安所事于不可知乎即一日之間而能得其性情資力之所至亦可以自致矣今而下有異焉數世而上有同焉寔有可有治以無治者奈何舍其可及而求之不可及也聖仁吾不敢吾則何為也乎蓋學教之事本以成一人之信疑參邀之域求之而莫測其端天地之大不足以[illegible]而信者發前覆之即是矣耳目之用原以驗吾身之虛寔高遠之懷豈而不得其合古今之廣不足以盡其虛已而實者反身求之有餘矣夫吾抑有不敢聖仁而又不敢忘乎聖仁之事則為且誨乎天人

（實諸大矣）（泛調）（作冷澹自知之況極含蓄脉）（抑字語氣未協且其知既出脫纏出亦把重頭□）

崇禎

故誰能靜觀其本來然有攸代以難者矣為其耄而又不圖其
非吾心之所安循、句鼓勉焉不誣不息可以觀聽所之容過吾嘗刪
述于志學之日情樂可以忘憂彝編于知命之年勤渠遂以終老其為
之有得有不得未可知抑已為之矣則戢之端何自而生：人：且是
之理未易窮極其分量然有共我而資著矣有其益而究各以相觀堂
不知人心之有同然慘而訓廸焉訂疑析與可以悟大道之各私吾
嘗問及門之士誌諸言而勉為仁交列國之賢樹風聲而思寡過茲
之及不及未可知抑既已誨人矣則傳之意何自而落欲則且有聖在
之為于此彼一堂之上心事無授二人而已而或入焉而未優或望焉
而未[illegible][illegible]詣下樸傳其沿嗟微動之神猶可亦循之亦得

不為者□誘後起於斯文之責且有賴仁之材　一至四代惟

其師者不可學□□追琢而□金玉之章誠咏歎而有攀黄之

世而進德沐其鼓舞作人之盛又何欲則我亦有責之不得不將

鼓蹈吾徒非三代之英矣彼渊待之士不可為矣而性命不敢

聖人之量又有期已而學問惟難守纂心則我于為論終負焉而一

叅人立言未有漫泛牽指讀起手數行徵日進擬焉摹愜懸若睨矣

束杜撰得无周但安知彼時胸中不有此數人在望乎執

以平實之詞攄題之蘊使讀者亦不病其為實文心賦手別有韻致

政非屈、修詞之心也〇永昌王竟岳同韻致大畧可嘉佩其

十字

抑為　梁

第十三冊　卷三十九

抑為之不厭誨人不倦　丁卯　蔡寅斗

轉念夫為誨之寔功其境若甚平也夫為誨而無厭倦之心其于聖仁何如哉而夫子特平視之也曰此其希夫聖仁也者謂夫聖道者乎古之修齊〻者畢生之事勿謂含高遠而遂無切近之區也誠欲因似以求真則必去難而即易而所當寔而按之者正不道治已治入之間聖仁非吾所敢當蓋稱塗其懸絕矣於有道乎先者而程途亦自此闢也遡瞻往哲而想像著私淑其流風傳聞者紛分其緒論豈徒曰虛願之難酬位置其迎殊矣頭有示之蹤者而位措又依此立也曠望無窮而後來者與斯文之責同學者

希三代之英可憂為抗懷之不薄冥非必降心相從而分量難謐
烘托一筆如字鳴躍而出
回合句句靈按
抑自有一曠焉遊懸於心目亦殊覺有志未逮而功修難謝抑若
是誠身內
有一格焉相倒不生乎不思不勉之詣何可以節次求哉頓推之
為人力之俱窮者引之自心源之不禍苟非自棄安得不為也乎
為之而望前修之渺乎未有息肩不疾不徐之下昔也而轉得其
抑揚吞吐其來無窮
甘稍有厭焉曾不如其已也誠有見為不可已者則老至不知耳
究根源神
而目若覩之而手若揣之而情自欣之先知先覺之宗何嘗以遠
象著哉頭微之為化工之陶鎔著顯之為夫婦所與知苟勝自私
能無海也乎誨人而頭來叩之空空未識還輸孰先孰後之間

痕也而轉形其樂偶有倦焉夫豈[illegible]下然也誠有知其不容然者
則無行不與耳而已為命之而耳為擬之而意且餘之此其志願
為徹
仁也不亦遠乎而當其為聖仁若策其力也當其誨聖仁若增其
[illegible]迭[illegible]為與誨之互為循環而爭百年祇爭一息其一息之不
[illegible]惓惓殊乎先聖之難即而乃歷此循循黽勉之程途此其
觀[illegible]仁也求已求乎要其不厭即若承聖仁之明誨而厚自期也
其不倦亦祇以樂仁之可為而交相勉也非此厭與倦之兩無起
佚而有日前乃有終身其終身之不敢康者惟翹企於絕德之云
下用字乃丙貞拔
選而別成此疏疏窮年之位置斯固希聖仁之所當然甚平而無

卯為光不　祭

足異者也。我之所能者。如是焉爾已。

題雖九字。題神只在一字。于一字用全力。継縈懷演。都有未諦

墨先　方望溪先生

若說如何為海。如何不厭倦。與下句不觸。即背題本。虛轉文即

在虛轉處用意。自然上不沾雲。下不帶水。恰乘青以化矣。般台繪

於上文以粘為脫。於下文以斷為連。既勝躍以入環。擁軒騶爲

亦微覺屏風上行。薰籠上立。猶非帥使。紉巇嵐

明清科考墨卷集
第十三冊　卷三十九

杞不足徵也殷礼 吾能言之

科入仙遊夲 二名 王声振

圣人惜杞之无徵因情深于殷礼焉夫杞夏之後也乃竟不足徵焉計及殷礼子吳能言之得毋情深于其際乎且昔我周之有天下也封東樓于外藩而即監有殷于沫土固將纘承旧服脩明商政者也乃明德之后裔既难留塗山之遺蹟即勝国之典章亦徒歷夲士之尋求追維想像之餘每嘆隐頗之难酬而更篤徵情于近世焉夏礼吾能言之使当日者制作未湮尚貽来許子孫克紹犹仰遥威則夏先王之典則固堪与殷礼周礼並垂不朽俾後世能言之士得以傳諸簡册焉豈不休歟独胡为乎其竟不足徵哉小正之良

法甚足尚也夏王草百年之心思圖謀創造亦望後嗣善承永延一綫于不替乃數傳而後隆而孫子則安邑彫謝好古者將欲考制而死從徒使我溯有夏之懿矩渺矣前朝而亦忽爲隅世尚忠之美意其可惜也儒者罄畢生之精神搜羅究討亦冀繼世克纘永弱道法于今茲乃迓流日失去而即夷則夏肄之夏屏稱先者將欲取証而死由徒使我仰姒氏之芳型邈若山河而亦感深夙兩杞不足徵吾甚矣何哉然採遺制于三代遠矣予奚孫子而荒略莫稽固難壽創垂于千古究法則于有商依然規矣留而網羅放失幸能發秘旨于名山是殷礼也吾能言之吾蓋極不忘矣越

數代而訪章程猶曰查沠而難稽吾固殷之後也追念典型茅規
在望尚能著駿厲庚肅之道勒為一代之成書苟其可溯乎
茅坐論之下吾試顧大共荼求得與歟誤承烈之並永已過畢固而
稽法制猶曰門户而各別吾固殷之人也流連車服磬欬如昨尚能
昭載㸃銘盤之意垂為百王之大法善啟其有存乎匡居坐定之際
吾誠頓商服冔冠得與周冕黻裳之俱傳已又桓撥之朝揭子氏之
之制豈其以殷先王之禮亦同夏禮之于杞徒多一能言之憾也哉
奈何祇台之裔既不克溯先烈于千有餘年之上而象夷之後亦
不能考前徽于五百餘載之中徒令人祇徊也故所止懷浩嘆不

崇情深至矣

杞不足徵 二句

吳學院科中山
漳縣學 林繼志

為夏禮者無以証厥言繼夏治者又思因其潛為夫杞為夏之後而不足徵予之言彼殷禮猶夏禮耳其能言也果有異杞之於夏否且使為尚忠之後者於祖宗制作皆能証之有據則吾又何必再思尚質之殷哉乃明德既遠子孫衰微此能明其旨亦無由而考又安得不思夫易代之制作而令人竊深悲于其闕也今夫禮不能無有也而夏之禮吾既能言之矣所慨已八千年矣闕而和鈞之作當年咸奉其典章雖南巢有放而祇台遺範詎俱謝于元牡川路之後隨刊遍九州矣蛇龍水火之救後人咸思纘其緒詎東樓系世而文命嘉謨

遂反同于白藥無據之列則杞為夏之後宜其足以徵之矣顧在昔
發傑無道殷湯張放伐之光迨今杞國衰微子孫有覆亡之慮其足
徵乎其不足徵乎而不負吾之能言也哉雖然一代之興自有一代
之禮又何必以杞之無徵而獨以夏禮為思哉自有夏革命以來四
百載之創制反而為六百祀之顯庸四海攸同之赫[redacted]反而為九圍
命式之濯靈而且校與序殊名貢與助殊法黑與白殊尚寅與丑殊
統凡諸制作事為之間纍之為夏禮者遂嬗而為殷禮矣夫殷禮亦
猶夏禮耳同為往古之朝則同為往古之制吾既因無徵之杞而嘆
能言之莫用豈於殷而獨未能言諸雖為子氏之往事而稽古懷思

竟與姒氏遞軌同往來于胸中縱非今世之所尚而遐情懷古宜異
杞雖無證而聯蹤于來許彼殷之禮吾亦如夏禮之能言也然果有
異於杞之無徵否耶要之後人必有證前人之則嘖古藉始得其據
典為夏子孫竟使神禹鳳哉付于夏基之煨燼興朝必更易前朝之
制慕古者得以博採殷雜夏而王章使湯圖於業集昭姬氏之山則
而奈何亦如杞之無徵也雖能言何益哉　杞不　林

第十三冊　卷三十九

杞不足徵也殷禮

沈宗師歲試晉江
考一等第[redacted]名楊元芳亞芝

聖人慨杞之無徵擕殷禮而又有懷焉夫杞而有足徵是杞存即
夏禮存也乃杞而既不足矣子于殷礼能恝然乎且前王之制作
興王之所監從也乃數傳而後致使人嘆考証之未由而與懷近
代又復有文物典章之感焉致足慨矣夏礼吾能言之夫夏之礼
固之者殷而傳而世守之者杞也杞為夏後殷礼或其所未講惟
是祖宗之制度執物不至遷湮没而無存者固杞之責哉乃由今
以思所為有典有則貽厥子孫者为向今日之杞其为貽也幾何
矣所為關石和鈞王府則有者为向今日之杞其所有安在哉甚

弇其不足徵也吾槪於杞吾益思夏礼矣夫夏之盛也塗山之会執玉帛者萬国而無論于殷迨其後也禹智錫圭率厥典者奉天而何責於杞杞之無徵君子嘆夏礼之衰而知殷礼之所以興也我不敢知曰我益于有殷其不同益于有夏否耶我又不敢知曰有殷纘禹舊服其同于文命之祗承乎否耶而特以礼度煌煌先王之雲爽寔式憑焉我之望于殷犹其望于夏也唯然而余望殷殷禮之心較之夏而倍切矣倘亳邑之遺規亦渺而典型犹可想而心將不得於杞者猶得于殷乎懷其差慰乎独奈何吾夫子殷人而宋之不足徵者猶等之于杞哉

杞不足徵也殷禮

沈文宗歲試拔覆等
江學一等第一名 黄念祖 以忱

杞不足存夏禮而因之者尚有殷焉夫礼為夏後夏礼所由存也乃竟不足徵乎言焉彼繼夏之後者不尚有殷礼乎且自夏賓僑元以來商先王其謂一代之制度規為當無忘歟世嘗我有商惟是起而因之耳乃陵夷亦既衰微矣降伯降子而後無所取以為討論之資徒令有心者溯績禹舊服之遺蹤而不盡流連慨慕於其制也以云能言夏礼尚矣今夫我周創制顯庸固合二代而損益之其不可不監于有殷者亦不可不監于有夏是故我雖殷人而姒氏與亳不憚旁搜而遠紹竊謂禹甸既更莫覩塗山之玉帛

而王府則有應慎典守於孫曹即世遠年湮安在其闕如也乃予
於是重有感焉間嘗過東樓之舊壞潮安邑之遺規入其国而爵
則變降矣考其風而禮則用夷矣求其有合於吾言者已往〻難
之予始見而駭退而思是其磨滅於有殷之亡惟有歷年乃至於
斯也夫禹功遠矣後裔之象賢雖閒往使明德久湮莫為一繼之
廷杞亦何足責吾深為夏禮惧矣且夫承夏祧者既不能無嘆於
杞守之難而華夏正者或不能無藉於国仍之舊分茅士以開疆
亦謂約石之留貽蓋堪罔墜乃五子之歌既渺小正之紀僅存則
禹勵従茲然終雖向嗣孫而稱乃祖服而錫智勇以表正惟是天

杞不足徵也殷禮　黃念祖（以忱）

之經常詎容變易顧尚忠之俗既成先罰之風一變則前王有垂於猶將懷勝國而溯厥宏規是則殷之礼不又可念哉遐想当年人紀肇脩不過即攸叙之彝倫大為釐訂至於服物采章變乎忠而尚質定時成歲改乎寅而建丑礼意詎必相襲君子謂子民之經綸猶是監以王而通變耳夫世當晚近好古之儒既不得問杞子而深求猶望于殷礼中庶幾遇之何也攸國因乎夏而殷因殷夏為尤近也乃予于是益重有感矣設當殷礼未成之日成湯而遠搜訪道合杞又將誰屬不意再傳而後杞且漸即於夷覌礼嘗謂夏則已遠歷兩朝兵燹之餘消滅殆盡為杞悲者方不勝羞

夏時何并殷之礼亦使予徒能言而不足徵也宋亦與有責焉

杞不足徵也　二句

吳學院科考取入
吳縣府學第名黃訓謨

即夏後之無徵、更情深于殷禮焉、夫杞宋殷夏之後已如是則郁之禮其存言小亦僅矣、予果何以情乎、同從來一代之興必有一代之制行乎其間、何彼夏殷而不丟乎、然而易姓改物、徵考尚忠之遺法、固見杳渺之難、稽即欲追尚質之規模、亦祇係陳於齒頰、得毋令有志考古者、緬懷兩代而往情深哉、子以夏禮為能言、得猶其之禮、創自大禹、傳及殷周、相因相革、言之猶足以信人心、以獨人耳目哉、太而已無徵矣、何以無徵也、夫亦曰夏之後、流傳于杞也、自東樓初封以來、論其爵則降而稱子也、雖曰祇台之遺績猶存、而安邑之

版圖已陂即有能例析章程以共白于一時又安知不以耳目為不
經之事而羣相訾議想見朝授命之後究其流則已即于夷雖曰塗
山之疆宇猶昨而禹甸之鐘簴已非即有欲欽承法物以共著于千
秋又幾何不以声口为难憑之端而共為猜疑杞不足徵吾其沿夏
礼何哉雖太予不能忘情于有夏更不能忘心于有殷爲蓋禹有典
湯有盤二代之道各循環表而章之咸足範圍于後世而患近々質
近隨而明之制有損益尋而繹之亦皆共隆于神明遐想殷礼不又
有能言爲者乎則莫謂勝国之典章盡丁丈舉也牖研風雨時考稽
于殷先王之法制黼章服龍旂之典皆为聖敬所蘊釀以將爲翥一

投宜焉而爽然若豁夫豈有扞格于心或有几微之莫釋亦何閒

圖之建中已为莫著也企懷寤寐日服膺先王之旧章竟衣冠文

物之盛皆为智勇所蓄積以成焉者也一擬議焉而中懷若揭夫豈

有纖毫莫決徒嘆异代之难稽殷礼吾能言之苟不至如夏之於杞

也則幸甚夫何以夏傳之後既足動人以感泣而殷傳之後又足起

人以咨嗟蓋夏以杞不足徵殷又以宋不足徵故也不良足惜哉

杞不足　黃

杞不足徵　能言之

吳學院科試與
化府第[redacted]
黃鳳池

夏嗣無以徵夏，殷人亦僅能言殷矣。夫杞夏嗣也，夫子殷人也，夫固無以徵夏禮，即轉思殷禮，亦惟夫子能言之耳。譬思信今傳後之禮，視乎國典之明備，初不閑儒者之空言也。無如我生也晚，古道云亡，以姒氏之裔苗，故府多留其缺憾，即子姓之恪守遺規，僅寄之寤思，則痛夏肆之是屏者，烏容不慨念于殷先哲王也。如夏礼吾能言之，則凡後王之礼，何者吾不能言之乎。然而能言者非言之難，而有徵之難。由今思夏，稽禹謨而敬修，可敘相陰騭而彝倫閉斁，俾後人共欽明德之遠者，不重賴有杞也哉。以觀于杞，則

何如文極變俗以來杞已即為夷矣為問關石和鈞得與商盤而
並永者此風尚可再乎雖小正成篇參落猶存而吾之言禮者符
居其九彼之徵禮者僅什居其一也吾書為杞惜焉緣陵再徙以
逐杞又降為子矣為問俗範叙歌得與商誥而並壟者與嶽尚可
嗣孚即五子作書留貽未泯而吾之言禮者尚未拾其全彼之徵
禮者鼻奚會遠其牟也杞杞亦当自惜矣杞不足徵也雖夏禮吾能
言之亦復何益哉而或者曰杞之國始于我周勝殷後也自有夏
四百載閱有餘六百杞年千餘年于茲矣其不足數亦無足怪曰
奇清志考禮彼天錫殺王九圍是

神豈緊無禮倘能言之是亦信今傳後之資也且安知不足徵之
夏禮不更有藉殷禮之尚存乎然而止殷人也兼以言禮論[illegible]
禮吾亦能言之矣殷禮有造于未有禮之前者與王肇建紀元而
宗丑止設射而選士儒逐之乎吾固能數陳其不襲也推之白牡
祀天和羹格祖孰不以訓而以昭乎豈嗇博哉念先大夫承宋王
葉首之後率由舊章之意當念釋在茲也緬彼殷矣吾嘗肄業及
之一殷禮有留于既有杞之後者創垂盡善輅輿不墮彤幾玉建備
稱法物揆之于吾素能臚列其旨歸也推之孰鼓之郊服常之異
孰不以明而以著乎豈眩俗哉念我元公負乘名多才之選制禮

監殷之意亦每念不忘也咨彼殷商吾竊流連久之盖殷以元鳥

造祚受命亦孔長矣天乙肇基于前武丁撻伐于後六七賢之德

尊亦甚赫声而濯靈較諸東楼續杞之封當有大小侔也邑矣至

如疊禹甸者與昌衰之悲聆欽臺而嘆大享之深而傷心于杞不

足徵也哉孰意覌之宋而仍夫杞也吾其如夏殷之礼何哉

理足詞華風神宕漾而縈拂映綰無不中規中矩原評